Was Deiner Katze schmeckt

Dr. med. vet. Britta Dobenecker
Dr. med. vet. Claudia Thielen

Was Deiner Katze schmeckt

Expertenrat für eine artgerechte und abwechslungsreiche Katzenernährung

NaturBuch Verlag

Die Autoren:

Dr. med. vet. Claudia Thielen, Fachärztin für Tierernährung, unterhält eine eigene Praxis und berät hier zu Fragen rund um die richtige Ernährung für Kleintiere.

Dr. med. vet. Britta Dobenecker ist Fachtierärztin für Tierernährung und Diätetik. Sie arbeitet am Institut für Tierernährung der Universität München.

Für Ratz, Moggerle und Wutz

Die Deutsche Bibliothek – CIP-Einheitsaufnahme

Dobenecker, Britta:
Was Deiner Katze schmeckt : Expertenrat für eine artgerechte und abwechslungsreiche Katzenernährung / Dobenecker/Thielen. [Fotos: Christine Steimer]. – Augsburg : Naturbuch-Verl., 1998
ISBN 3-89440-236-9

Naturbuch Verlag

Layout und Satz: Der Buch*macher*, Arthur Lenner, München
Umschlaggestaltung: KA•BA factory, Augsburg
Umschlagfoto(s): Reinhard Tierfoto
Fotos: Reinhard Tierfoto (S. 79), B. Dobenecker (S. 9), alle anderen: Christine Steimer
Illustrationen: S. 9: (modifiziert nach Popesko, P. 1998): Atlas der topographischen Anatomie der Haustiere, 5. Aufl., Enke-Verlag, Stuttgart), alle anderen: Anna Aisenstadt
Reproduktion: Typework Layoutsatz & Grafik GmbH, Augsburg
Druck und Bindung: Offizin Andersen Nexö, Leipzig
Gedruckt auf chlorfrei gebleichtem Papier
Printed in Germany

ISBN 3-89440-236-9

Inhalt

Einleitung

Geschichtliche Überlieferungen, Skelettfunde und frühe Bildnisse belegen, daß die Katze schon seit mehreren tausend Jahren in der Gesellschaft des Menschen lebt. Die Verbindungen zwischen Mensch und Katze waren dabei extrem vielschichtig: einerseits fungierten sie als Mäusefänger und damit Bewacher der Getreidelager und andererseits waren sie Gesellschafter, Spielkameraden, ja wurden sogar als Gottheiten angesehen. Es ranken sich unzählige Geschichten um die besonderen Fähigkeiten und Eigenschaften von Katzen; sie galten als Glücksbringer, heilige Tiere aber auch als Gehilfen von Hexen. Heutzutage ist die Katze für viele Menschen ein wichtiges Familienmitglied; ein echter Katzenfan wird nie lange ohne eine Katze leben. Für die „moderne" Hauskatze, die nur in den seltensten Fällen ausschließlich von selbst erlegter Beute lebt, ist der Mensch zum Ernährer geworden. Insbesondere Wohnungskatzen sind darauf angewiesen, daß sie ihr „Futtermeister" ausreichend und ausgewogen ernährt. Dies ist eine recht anspruchsvolle Aufgabe, denn man muß nicht nur auf eine gesunde Ernährung achten, sondern auch noch den Geschmack der Katze treffen.

Dieses Buch enthält daher viele wichtige Tips zur artgerechten und gesunden Katzenfütterung inklusive der Fütterungstechnik. Ein großer Teil besteht aus Rezepten, damit Sie selber optimal zusammengesetzte Rationen herstellen können. Auch für die besonderen Anforderungen im Wachstum, bei Trächtigkeit, beim Säugen sowie für alte Katzen sind spezielle Rezepte enthalten. Zusätzlich finden Sie Tips zur Ernährung bei speziellen Problemen wie Durchfall und Verstopfung, Über- und Untergewicht oder Harnsteinen. Kurz werden die verschiedenen Arten von kommerziellen Produkten wie Fertigfutter, Mineralstoff- und Vitaminergänzungen sowie Snacks besprochen und mit der natürlichen Nahrung der Katze verglichen.

Kochen für die eigene Katze ist eine anspruchsvolle Aufgabe, doch können so individuelle Bedürfnisse optimal berücksichtigt werden.

Die Verdauung bei der Katze

Die Katze gehört zu der Gruppe der sogenannten Carnivoren, d. h. sie ist ein Fleischfresser. Das bedeutet, daß sie ihren Nährstoffbedarf überwiegend aus der Aufnahme tierischer Produkte deckt. Für diesen Zweck ist sie auch von der Natur entsprechend ausgerüstet. So besitzt sie beispielsweise einen kurzen Ober- und Unterkiefer und ein Gebiß, daß zum Reißen der Beute und für eine grobe Zerkleinerung geeignet ist. Breitflächige, zum Mahlen und Zerkleinern pflanzlicher Produkte geeignete Backenzähne – typisch für das Gebiß von Alles- und Pflanzenfressern – sind beim Katzengebiß kaum ausgebildet

Grafik unten: Zusammensetzung der natürlichen Nahrung am Beispiel einer Maus.

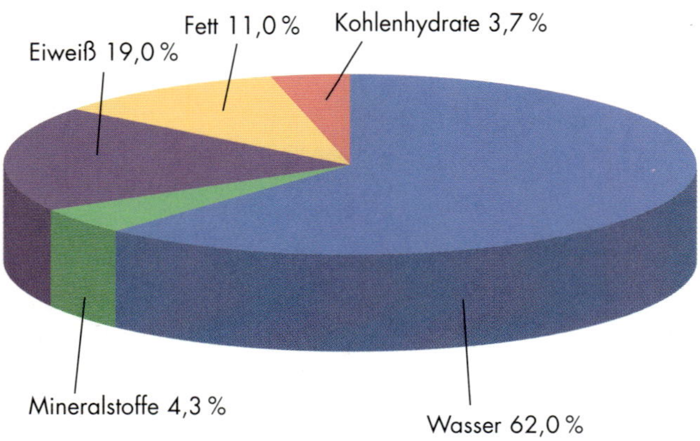

Wenn man die Zusammensetzung der natürlichen Beute von Katzen (Mäuse, andere kleine Nagetiere, gelegentlich Vögel usw.) betrachtet, so stellt man fest, daß sie zu einem Großteil aus Wasser besteht. Dies erklärt auch, warum freilebende Katzen so wenig trinken: sie decken einen guten Teil ihres Bedarfs aus dem Wasser, das sie mit der Nahrung aufnehmen. Dasselbe gilt für Katzen, die mit Dosennahrung ernährt werden. Der Wasseranteil in der Dosennahrung liegt sogar zwischen 70 und 90 %, so daß von gesunden Katzen zusätzlich nur noch wenig Trinkwasser aufgenommen werden muß.

Neben Wasser stellt Eiweiß den größten Nährstoffanteil am Beutetier dar (siehe Grafik links). Es spielt im Energiestoffwechsel der Katzen eine besondere Rolle, daher ist der Eiweißbedarf der Katzen deutlich höher als z. B. der von Hunden. Fett muß ebenfalls in ausreichender Menge zugeführt werden. Es ist ein wichtiger Energielieferant und enthält zudem lebenswichtige Fettsäuren, aber auch die fettlöslichen Vitamine A, D, E und K.

Mineralstoffe wie Calcium, Phosphor, Magnesium, Salz und auch Spurenelemente wie Eisen, Zink und Kupfer sind lebensnotwendig und müssen in ausreichender Menge zugeführt werden.

Die Abbildung zeigt, daß in der natürlichen Nahrung nur wenige Kohlenhydrate enthalten sind, Ballaststoffe gar nicht. Katzen nehmen aber in geringem Umfang auch pflanzliche Stoffe auf. So sorgen z. B. die Strukturstoffe der Pflanzen (= Ballaststoffe) für eine geregelte Darmtätigkeit. Besonders Langhaarkatzen hilft es, wenn sie ab und zu langfaseriges Material wie Gras fressen können, da so die bei der Fellpflege verschluckten Haare „ummantelt“ und erbrochen werden können – übrigens ein ganz natürlicher Vorgang.

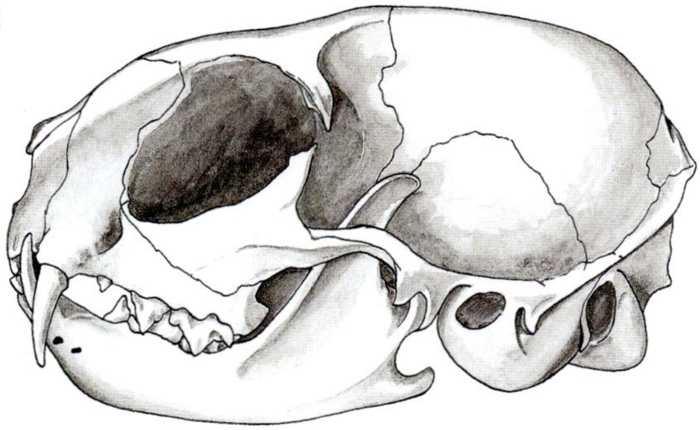

Schädelskelett der Katze

Bedeutung der wichtigsten Nährstoffe

Energie

Jedes Lebewesen benötigt zur Aufrechterhaltung seiner Körperfunktionen Energie. Bei diesen Körperfunktionen handelt es sich z. B. um die Regulation der Körpertemperatur, um Bewegung, Nahrungsaufnahme und -verdauung sowie Wachstum oder auch Milchproduktion bei der säugenden Kätzin. Dieser Energiebedarf muß über das Futter gedeckt werden. Daher wird das tägliche Futter entsprechend dem Energiebedarf der Katze zugeteilt. Das heißt, daß eine ausgewachsene Katze mit Normalgewicht langfristig nicht zu- oder abnehmen, also Energie nicht über

In der freien Natur ernährt sich die Katze von Mäusen und anderen kleinen Beutetieren.

oder unter ihrem Bedarf aufnehmen soll. Was genau ist nun diese Energie? Sie ist in all jenen Nährstoffen enthalten, die die Katze verbrennen kann, um ihren Energieverbrauch zu decken. Gemessen wird die Energie in Joule oder in Kalorien. Grundsätzlich liefern Fette, Eiweiße und Kohlenhydrate diese Energie, wobei die jeweiligen Nährstoffgruppen einen unterschiedlichen Brennwert haben. So hat Fett den höchsten Brennwert, d. h. in einem Gramm Fett ist mehr Energie enthalten als in einem Gramm Eiweiß und hierin wiederum mehr als in einem Gramm Kohlenhydraten. Im Gegensatz dazu können Mineralstoffe vom Körper nicht verbrannt werden und besitzen somit keine Energie.

Eiweiß

Eiweiße (= Proteine) stellen einen überaus wichtigen Baustoff für den Katzenorganismus dar. Die Gruppe der Nahrungseiweiße ist sehr verschieden zusammengesetzt. Definiert wird die Qualität des Nahrungsproteins über seine Aminosäurenzusammensetzung. Eiweiße bestehen aus bis zu mehreren tausend Aminosäuren, die in ganz bestimmter Reihenfolge aneinander gebunden und in charakteristischer Weise angeordnet sind. Insgesamt sind es etwa 20 Aminosäuren, die im tierischen Organismus als Baustoffe der Eiweiße fungieren. Die meisten davon können im Katzenorganismus selbst gebildet werden. Einige Aminosäuren sind jedoch „essentiell", d. h. sie können nicht synthetisiert werden und müssen deshalb über die Nahrung dem Körper zugeführt werden. Einzigartig bei der Katze ist ihre Empfindlichkeit gegenüber einem Mangel an den Aminosäuren Arginin und Taurin. In tierischen Produkten (außer Milch und Eiern) sind diese in ausreichender Menge enthalten, nicht aber in pflanzlichen Futtermitteln wie Getreide oder Gemüse. Daher ist eine vegetarische Ernährung bei Katzen nahezu unmöglich.

Ein wichtiges Qualitätsmerkmal von Nahrungseiweißen ist also der Anteil an bestimmten Aminosäuren. Muskelfleisch, Milchprodukte, Ei und Fisch sind beispielsweise sehr hochwertige Eiweißquellen. Aber auch einige pflanzliche Proteine wie z. B. das Kartoffeleiweiß haben einen sehr hohen Gehalt an essentiellen Aminosäuren. Ein weiteres Qualitätskriterium ist die Verdaulichkeit des Proteins.

Die Eiweißverdauung beginnt bereits im Magen durch die Einwirkung der Magensäure und des Enzyms Pepsin. Der weitere Abbau findet im Dünndarm statt, wo darmeigene Enzyme (Biokatalysatoren) und Enzyme der Bauchspeicheldrüse (= Pankreas) die Eiweiße in Bruchstücke und letztendlich in ihre Bausteine, die Aminosäuren, spalten. Im hinteren Dünndarmabschnitt findet dann die Absorption der Aminosäuren statt.

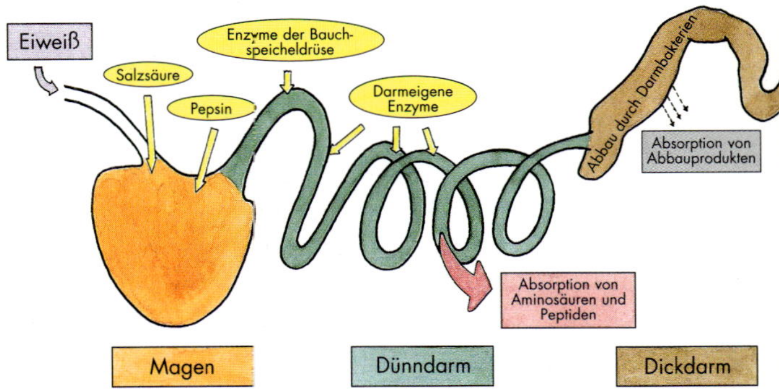

Schema der Eiweißverdauung

Schlecht verdauliche Eiweiße können nicht oder nicht schnell genug in Aminosäuren gespalten werden. Sie gelangen deshalb in den Dickdarm, wo sie durch Bakterien abgebaut werden. Hierbei entstehen Stoffwechselprodukte der Bakterien, die sich ungünstig auf die Katze auswirken können. Beispiele hierfür sind Eiweiße aus Knorpeln, Sehnen und Bindegewebe.

Die Funktion der Eiweiße im Körper ist sehr vielfältig. Sie sind Hauptbestandteil der Muskulatur und zahlreicher anderer Gewebe wie z. B. Haut, Haare und Blut. Auch die lebenswichtigen Enzyme bestehen aus Eiweißen oder deren Bausteinen. Damit spielt Eiweiß eine wichtige Rolle für die Regulation sämtlicher Stoffwechselvorgänge im Organismus.

Fett

Fett ist ein weiterer wichtiger Energielieferant und liefert einige lebensnotwendige Bausteine, die sogenannten essentiellen Fettsäuren, die der Organismus nicht selbst herstellen kann. Dazu gehören die Linolsäure, die Gamma-Linolensäure und die Arachidonsäure. Alle sind langkettige, ungesättigte Fettsäuren und Vorstufen unentbehrlicher Substanzen mit wichtigen Regulationsfunktionen. Letztendlich sind Fette auch Träger für die fettlöslichen Vitamine A, D, E und K (siehe auch Seite 19).

Schema der Fettverdauung

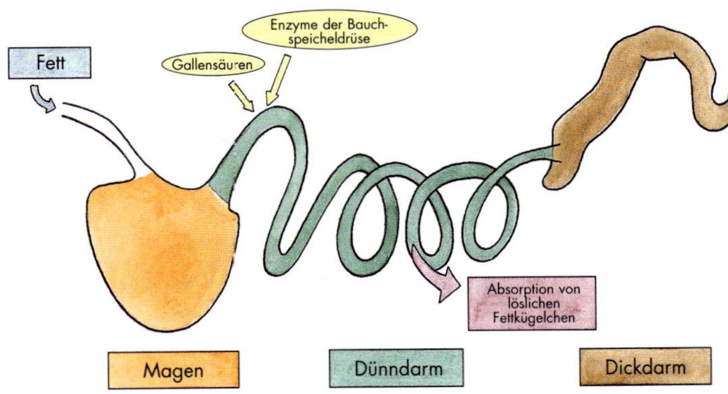

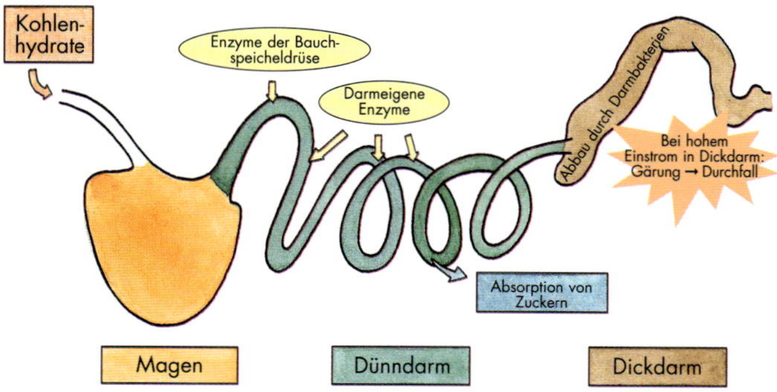

Schema der Kohlenhydrat-verdauung

Das mit der Nahrung aufgenommene Fett wird im Dünndarm mit Hilfe der Gallensäuren und des Pankreasenzyms Lipase in kleine lösliche Fettkügelchen gespalten und verdaut. Die meisten Fette sind sehr hoch verdaulich und gut verträglich, d. h. es gelangt kaum Fett bis in den Dickdarm. Butter- bzw. Sahnefett ist für Katzen übrigens nur begrenzt verträglich und sollte daher – wenn überhaupt – nur in kleinen Mengen gegeben werden.

Kohlenhydrate

Die meisten Kohlenhydrate stammen aus pflanzlichen Bestandteilen. Zu den mengenmäßig wichtigsten zählen Zucker und Stärke. Für die Katze sind Kohlenhydrate als Energielieferanten von untergeordneter Bedeutung, sie kann auch nur eine begrenzte Menge vertragen. Insbesondere auf Stärke, der wichtigsten Energiespeicherform der Pflanzen, reagiert eine Katze mit Durchfall, wenn zuviel aufgenommen wird (siehe auch Seite 67).

Der Grund hierfür ist, daß Stärke im Dünndarm durch die Amylase, ein Enzym der Bauchspeicheldrüse, in einzelne Zuckermoleküle gespalten und dann resorbiert wird. Die Bauchspeicheldrüse der Katze kann aber nur eine begrenzte Menge Amylase bilden, so daß, wenn mehr Stärke gefüttert wird als aufgespalten werden kann, unverdaute Stärke in den Dickdarm gelangt. Dort wird sie durch Bakterien abgebaut, wobei unerwünschte Stoffwechselprodukte entstehen, die Durchfall hervorrufen können. Durch Kochen oder Dämpfen kann die Verträglichkeit der Stärke erheblich verbessert werden.

Auch durch zuviel Milch, sprich Milchzucker, kann bei der Katze Durchfall ausgelöst werden. Milchzucker in großer Menge wird nämlich nur von Welpen gut vertragen, doch bereits nach dem Abstillen sinkt die Produktion der Enzyme, die zur Verdauung des Milchzuckers notwendig sind. Also: Milch ist kein Nahrungsmittel für erwachsene Katzen! Wenn, überhaupt sollte sie nur in geringer Menge, täglich ca. 50–100 ml, gegeben werden.

Ballaststoffe

Ballaststoffe sind schwerverdauliche pflanzliche Gerüstsubstanzen, die zwar wenig Energie liefern, aber wichtige Funktionen für die Regulation der Darmtätigkeit haben. Man unterscheidet nach ihrem chemischen Verhalten sogenannte unlösliche und lösliche Ballaststoffe. Unlösliche Faser wie Cellulose (= Gerüstsubstanz der Pflanzen) regt die Darmtätigkeit an und wirkt so positiv gegen Verstopfung. Außerdem sorgt sie für einen festen, geformten Kot. Viel Cellulose ist z. B. in Weizenkleie enthalten. Lösliche Faserstoffe wie beispielsweise bestimmte unverdauliche Zuckerarten, dienen den Zellen der Dickdarmschleimhaut als Nahrungsgrundlage und sind daher besonders bei Katzen mit häufig auftretendem Durchfall empfehlenswert. Einen hohen

Mineralstoffe sind unentbehrlich für gesundes Wachstum und einen funktionierenden Stoffwechsel.

Eine ausgewogene Versorgung mit allen Nährstoffen für ein gesundes Katzenleben.

Gehalt an löslichen Ballaststoffen haben z. B. Äpfel und Möhren. Aber Vorsicht: ein Zuviel an löslicher Faser kann breiigen Kot verursachen!

Mineralstoffe

Bei Mineralstoffen unterscheidet man die Mengenelemente (Calcium, Phosphor, Magnesium, Natrium, Kalium und Chlor) von den Spurenelementen (Eisen, Kupfer, Zink, Mangan, Jod, Selen u. a.). Diese Einteilung wurde aufgrund der Menge im Körper und damit auch des Bedarfs an diesen Mineralien vorgenommen. Die Mineralien erfüllen eine Vielzahl von Aufgaben, die im folgenden näher erklärt werden.

Calcium und Phosphor

Der Großteil beider Elemente liegt im Körper als Baustoff vor. Sie befinden sich hauptsächlich in Knochen und Zähnen und sind für die Stabilität verantwortlich. Ein Teil davon kann bei Bedarf aus dem Knochen mobilisiert werden. Dies ist besonders wichtig, da insbesondere beim Calcium eine gleichmäßige Konzentration im Blut vorliegen muß. Deshalb wird der Blutcalciumspiegel durch Hormone exakt gesteuert. Der Grund dafür ist, daß Calcium neben der Stabilisierung des Skelettes noch andere sehr wichtige Aufgaben hat. Unter anderem wird es auch für die Blutgerinnung und die Funktion der Nerven und Muskeln benötigt. Auch Phosphor ist für viele Funktionen im Stoffwechsel unentbehrlich, z. B. bei der Bereitstellung von energiereichen Verbindungen, den Brennstoffen des Körpers.

Einen besonders hohen Bedarf an diesen Mineralstoffen haben wachsende Katzen, denn sie müssen ihr Skelett erst noch aufbauen. Auch säugende Kätzinnen haben im Vergleich zur erwachsenen Katze einen gestiegenen Bedarf, was sich durch die hohe Abgabe über die Milch an die Welpen erklärt.

Bei einem Mangel, der durch Streß, starke Belastung und besonders bei erhöhtem Bedarf verstärkt wird, kann es zu Störungen der Skelettentwicklung mit schmerzhaften Veränderungen und Knochenbrüchen schon bei geringgradiger Belastung kommen. Sehr viel seltener sind Muskelkrämpfe und -lähmungen oder Blutgerinnungsstörungen. Aber auch die Überversorgung ist ungesund: hier können Skelettprobleme, Harnsteine (siehe hierzu auch Seite 76) oder in Extremfällen sogar Weichteilverkalkungen entstehen, besonders wenn gleichzeitig eine übermäßige Aufnahme an Vitamin D vorliegt. Auch sinkt bei extremer Überversorgung mit Calcium die Verfügbarkeit einiger wichtiger Spurenelemente, so daß es zu einem indirekten Mangel an diesen Mineralstoffen kommen kann.

Ganz wichtig bei der Beurteilung der Calciumversorgung ist neben der absoluten Menge das Verhältnis von Calcium zu Phosphor im Futter. Das richtige Verhältnis beider Elemente liegt bei der Katze zwischen 0,9 : 1 (Calcium zu Phosphor) und 2 : 1. In den meisten Einzelfuttermitteln (nicht in den Fertigfuttermitteln für Katzen) überwiegt allerdings deutlich der Phosphorgehalt. Somit sollte bei selber hergestellten Rationen der Calciumanteil durch Gabe eines Mineralfutters erhöht werden, da sonst auch bei absolut ausreichender Menge häufig eine Fehlversorgung vorliegt.

Futtermittel mit hohem Calciumgehalt

Knochen, Milch, Milchprodukte (Ach-tung: Milchprodukte haben ein Cal-cium/Phosphor-Verhältnis von < 1 : 1)

Futtermittel mit geringem Calciumgehalt

Getreide, Fleisch und Schlachtabfälle, Innereien, Fette

Magnesium

Etwa die Hälfte des Magnesiums liegt im Skelett gebunden vor, die andere Hälfte im Weichteilgewebe. Damit erklärt sich auch der höhere Bedarf wachsender Tiere an diesem Element. Magnesium erfüllt aber auch wichtige Aufgaben im Muskel, im Energiestoffwechsel und bei der Funktion von Enzymen (Biokatalysatoren).

Eine hormonelle Steuerung des Magnesiumhaushaltes ist nicht bekannt. Er wird hauptsächlich durch Angebot und Nachfrage reguliert. Zuchtkätzinnen und Welpen brauchen mehr Magnesium als ausgewachsene Tiere. Bei einer Unterversorgung treten Symptome wie erhöhte Erregbarkeit mit Muskelzittern und Krämpfen bis hin zu Lähmungen auf. Besonders Jungtiere fressen weniger und verlieren an Gewicht; es treten sogar Bewegungsstörungen auf. Eine zu hohe Aufnahme kann wiederum Durchfall auslösen. Auch aufgrund der Harnsteinproblematik bei der Katze (siehe auch Seite 67) sollte eine extreme Überdosierung von Magnesium vermieden werden. Jedoch ist eine längerfristige Unterversorgung keine vorbeugende Maßnahme gegen Harnsteine, da Magnesiummangel mit für die Entstehung der sogenannten Calciumoxalatsteine im Urin verantwortlich gemacht wird.

Futtermittel mit einem hohen Magnesiumgehalt

Knochen, Fleisch, Fischmehl, Weizenkleie

Futtermittel mit einem niedrigen Magnesiumgehalt

Zucker, weißes Mehl, Fette

Natrium, Chlor und Kalium

Natrium findet sich größtenteils in den Körperflüssigkeiten, z. B. im Blut, aber auch im Skelett. Chlor ist sehr eng mit dem Mineralstoff Natrium verknüpft und wird daher nicht gesondert behandelt. Kalium ist im Gegensatz zu Natrium und Chlor hauptsächlich in den Körperzellen enthalten. Alle drei Elemente sind verantwortlich für die Regulierung des Flüssigkeitshaushaltes im Körper und das Säuren-Basen-Gleichgewicht. Natrium wird außerdem für die Funktion der Nerven benötigt und Kalium ist Bestandteil vieler Enzyme (Biokatalysatoren).

Kommt es bei erhöhtem Bedarf (Wachstum, Fortpflanzung) oder erhöhten Verlusten (Durchfall, Erbrechen) zu einem Mangel an Natrium im Körper, trocknet dieser aus. Gleiche Gründe können zum Mangel an

Kalium führen. Die Folgen sind z. B. Blutdruckabfall, Übersäuerung und eingeschränktes Wachstum bei Welpen. Eine Überversorgung ist bei gesunden Katzen weniger gravierend, jedenfalls solange ausreichend Wasser aufgenommen werden kann. Überflüssige Mengen werden über die Nieren wieder ausgeschieden. Auch wenn Kochsalz von den meisten Katzen gerne genommen wird, sollte nicht zuviel davon gegeben werden. Die Katze läßt sich übrigens durch salziges Futter nur sehr begrenzt zu einer höheren Trinkwasseraufnahme anregen. Eine korrekte Vorbeugemaßnahme gegen Harnsteinbildung behandelt das Kapitel Harnsteine (siehe Seite 67)!

Futtermittel mit einem hohen Natriumgehalt
Knochen, Fleischbrühe, Wurst, Käse u. a. gesalzene Lebensmittel

Futtermittel mit einem niedrigen Natriumgehalt
Fleisch, Milchprodukte, Getreide, Gemüse

Futtermittel mit einem hohen Kaliumgehalt
Kartoffeln, Bananen, Weizenkleie, Trockenhefe

Futtermittel mit einem niedrigen Kaliumgehalt
polierter Reis, weißes Mehl, Fett

Futtermittel mit einem hohen Eisengehalt
Leber, Haferflocken, Leinsamen, Spinat

Futtermittel mit einem niedrigen Eisengehalt
polierter Reis, Milchprodukte, Fett

Eisen

Eisen ist ganz besonders wichtig für die Blutbildung, denn es ist im roten Blutfarbstoff, dem Hämoglobin, enthalten. Es regelt hier mit Hilfe der roten Blutkörperchen den Transport des Sauerstoffs von der Lunge in das Körpergewebe. Eine vergleichbare Funktion hat das Eisen im Myoglobin des Muskels. Gespeichert wird es in der Leber und im Knochenmark. Besonders hochtragende, aber auch säugende Kätzinnen und Welpen brauchen viel Eisen. Bei einem Mangel infolge Krankheit, hohen Blutverlusten oder Unterversorgung mit diesem Spurenelement kommt es u. a. zu Blutarmut (Anämie) und gestörter Infektionsabwehr. Aber auch eine Überversorgung kann Folgen haben: Reizungen im Magen-Darm-Trakt und eine verschlechterte Verdaulichkeit anderer Spurenelemente sind die Folge. Also gilt auch bei diesen Nährstoffen: auf die richtige Menge kommt es an!

Kupfer

Der Körper enthält nur geringste Mengen an Kupfer. Es ist besonders wichtig für die Produktion von Bindegewebe und Blut sowie von Farbstoffen in Haut und Fell. Gespeichert wird Kupfer in der Leber. Bei einem längerfristigen Mangel an diesem Spurenelement treten Störungen an Haut, Fell, Skelett (Knochen und Bänder, Sehnen) und Blut auf. Entgegen anders lautenden Vermutungen kann bei ausreichender Versorgung durch zusätzliches Verfüttern übrigens keine Änderung der Fellfarbe herbeigeführt werden. Gesunde Katzen sind gegenüber einer etwas erhöhten Aufnahme von Kupfer relativ unempfindlich.

Getrocknete Hefe enthält relativ viel Kupfer, ein wichtiger Bestandteil der Farbstoffe in Haut und Fell.

Futtermittel mit einem hohen Kupfergehalt
Leber, getrocknete Hefe, Haferflocken

Futtermittel mit einem niedrigen Kupfergehalt
polierter Reis, Milchprodukte, Gemüse, Fett

Zink

Das meiste Zink befindet sich im Skelett, aber auch in Haut, Haaren, Augen und der Bauchspeicheldrüse. Es hat eine Vielzahl von Funktionen, da Zink Bestandteil verschiedenster Enzymsysteme sowie des Bindegewebes ist. Welpen und Jungtiere entwickeln bei einem Mangel Störungen des Skelettes und der Haut, außerdem ist der Appetit beeinträchtigt; erwachsene Katzen können im Kopfbereich graue Haare bekommen. Bei einem extremen Mangel leidet die Immunabwehr. Eine Gefahr bei Überversorgung besteht nicht so leicht.

Futtermittel mit einem hohen Zinkgehalt
Leber, Knochen, Fleisch, Eigelb, Leinsamen

Futtermittel mit einem niedrigen Zinkgehalt
Milchprodukte, Gemüse, Fett; einige Getreidesorten enthalten eine Verbindung, die die Verdaulichkeit von Zink verschlechtert

Jod

Jod ist entscheidend für die Funktion der Schilddrüse und damit für den Energiestoffwechsel. Während des Wachstums und der Fortpflanzung steigt der Bedarf. Ein Mangel

Futtermittel mit einem hohen Jodgehalt
Algenmehl, Fisch, jodiertes Speisesalz

Futtermittel mit einem niedrigen Jodgehalt
Fleisch jodarm gefütterter Tiere

führt zur Ausbildung eines Kropfes sowie u. a. zu Haarausfall, Wachstumsstörungen und Einlagerung von Wasser in das Körpergewebe. Eine Überversorgung sollte ebenfalls vermieden werden, da auch dies eine Störung der Schilddrüsenfunktion zur Folge haben kann.

Vitamine

Bei der Zugabe von Vitaminpräparaten und vitaminierten Mineralfuttern spielt die richtige Dosierung eine entscheidende Rolle. Sowohl ein Zuviel als auch ein Zuwenig an fettlöslichen Vitaminen kann Schaden anrichten. Die Rezepte in diesem Buch sind so berechnet, daß der Bedarf Ihrer Katze in der jeweiligen Lebensphase genau gedeckt wird. Verwenden Sie deshalb genau das angegebene Präparat in der angegebenen Menge. Füttern Sie keine zusätzlichen Vitaminpräparate!

Vitamin A

Vitamin A gehört zur Gruppe der fettlöslichen Vitamine und wird häufig auch als „Epithelschutzvitamin" bezeichnet. Dieser Name hängt mit seiner Bedeutung für die Gesunderhaltung von äußerer Haut und Schleimhäuten zusammen. Weiterhin erfüllt Vitamin A als Bestandteil des Sehpurpurs eine wichtige Funktion im Sehprozeß. Als fettlösliches Vitamin wird es gemeinsam mit den Fettsäuren verdaut, absorbiert und dann in Leber und Niere gespeichert. Im Gegensatz zu den wasserlöslichen Vitaminen der B-Gruppe, die problemlos

Vitaminzusätze für das Futter werden in verschiedener Form angeboten. Doch Vorsicht: ein Zuviel kann genauso schädlich sein wie ein Zuwenig.

über den Harn ausgeschieden werden können, kann es bei einer exzessiven Überversorgung mit Vitamin A zu Vergiftungserscheinungen wie dem Versteifen der Halswirbelsäule kommen. Bisher ist ungeklärt, ob eine deutliche und dauernde Überdosierung auch bei der Katze während der Trächtigkeit zu Mißbildungen der Welpen führen kann. Besonders bei tragenden Katzen muß man also auf eine bedarfsdeckende Versorgung achten. Vorsicht ist daher bei der Verwendung von sehr Vitamin A-reichen Futtermitteln wie z. B. Leber oder Lebertran geboten. Bitte füttern Sie nicht mehr Leber, als in den jeweiligen Rezepten angegeben ist.

Symptome für eine Unterversorgung sind u. a. Haut- und Skelettveränderungen, Fruchtbarkeitsstörungen sowie Sehstörungen. Die Katze kann – im Gegensatz zum Hund und auch zum Menschen – das Provitamin Beta-Carotin, das in größeren Mengen beispielsweise in Möhren enthalten ist, **nicht** in Vitamin A umwandeln. Daher muß genügend Vitamin A in der Nahrung enthalten sein.

Vitamin D

Vitamin D ist ebenfalls ein fettlösliches Vitamin, dessen Verdauung und Absorption an die Fettverdauung gebunden ist. Es ist sehr wichtig für die Regulation des Calcium-Stoffwechsels und daher für gesunde Knochen und Zähne unentbehrlich. Katzen können auch dieses Vitamin nicht selber bilden und sind daher auf die Zufuhr mit dem Futter angewiesen. Allerdings ist ein Mangel heutzutage sehr selten. Eher kommt es zu einer Vitamin D-Überversorgung, besonders durch Vitaminpräparate. Krasse Überdosierungen (mehr als das Fünffache des Bedarfs) können zu Verkalkungen in Nieren und Gefäßwänden sowie zu einem gestörten Knochenstoffwechsel führen. Zu den Vitamin D-reichen Futtermitteln gehören Leber, Lebertran, Milch, Fisch und vitaminierte Ergänzungsfutter. Pflanzliche Futtermittel für Katzen sind Vitamin D-arm.

Vitamin E

Der Vitamin E-Bedarf der Katze ist abhängig vom Fettgehalt des Futters, besonders bei hohen Anteilen an ungesättigten Fettsäuren. Vitamin E wirkt nämlich als sogenanntes Antioxidans, da es die Fette vor Verderb, sprich dem Ranzigwerden schützt. Bei einem sehr hohen Anteil an fettreichem Fisch im Futter, der viele ungesättigte Fettsäuren enthält, ist der Bedarf an Vitamin E daher deutlich erhöht. Wie im Futter, werden auch im Körper der

Katze die Fette durch dieses Vitamin vor der Oxidation geschützt. Getreide und Getreidekeime sind neben den vitaminierten Mineralfuttern gute Vitamin E-Quellen für die Katze, während tierische Futtermittel eher arm an Vitamin E sind.

Wasserlösliche Vitamine

Zur Gruppe der wasserlöslichen Vitamine gehören die Vitamine des B-Komplexes und das Vitamin C. Bei den wasserlöslichen Vitaminen besteht keine Gefahr der Überversorgung, da ihre Ausscheidung sehr gut über die Nieren reguliert werden kann. Gleichzeitig bedeutet das aber auch, daß keine großen Vorräte in den Körpergeweben angelegt werden können und sich deshalb ein Mangel innerhalb einiger Wochen bemerkbar machen würde.

Die B-Vitamine erfüllen unterschiedliche Funktionen im Stoffwechsel: Ein Mangel an Vitamin B1 zeigt sich zunächst in Appetitlosigkeit, Gewichtsverlust und Erbrechen, später dann in nervösen Ausfallserscheinungen. Da Fisch, wenn er roh verfüttert wird, die Verwertung von Vitamin B1 stark herabsetzt, sollte er immer gegart werden. Ein Vitamin B2 und Vitamin B6-Mangel konnte bei Katzen nur im Experiment festgestellt werden.

Biotin-Mangel führt zu glanzlosem, trockenem Fell und Schuppenbildung. Eine Unterversorgung kann nur auftreten, wenn Sie größere Mengen von rohem Eiklar füttern. Dieses enthält einen Stoff, der Biotin bindet und damit unverdaulich macht. Auch ein Mangel an Nikotinsäure wirkt sich an der Haut aus, allerdings eher als entzündliche Veränderung.

Reich an B-Vitaminen sind besonders Hefe, Leber, Fleisch, Schlachtabfälle und vitaminierte Mineralfutter wie z. B. Vitakalk®. Eine Zufuhr von Vitamin C über die Nahrung ist bei der Katze in der Regel nicht erforderlich, da sie dieses in der Leber selbst synthetisieren kann.

Katzen sind wählerisch. Futterzusätze wie Vitamine oder Mineralfutter müssen daher gut untergemischt werden.

Fertigfutter oder Selberkochen?

Diese Frage ist nicht pauschal zu beantworten, denn beide Möglichkeiten haben Vor- und Nachteile. Jeder Katzenhalter muß für sich selbst eine Entscheidung treffen. Grundsätzlich kann man sagen, daß Sie Ihre Katze mit Fertigfutter ebenso wie mit selbst zubereitetem Futter ausgewogen ernähren können. Es gibt nicht die einzig wahre Methode, auch wenn dies immer wieder von verschiedenen Seiten behauptet wird. Wenn Sie – beruflich oder familiär bedingt – zeitlich stark eingespannt sind, ist die Verwendung von Fertigalleinfutter sicherlich sinnvoll. Sie können die dadurch eingesparte Zeit sicher besser zum Schmusen und Spielen mit Ihrer Katze aufwenden. Sie können auch zwischen Fertigfutter und Selbstbereitetem je nach Zeit und Lust abwechseln. So können Sie am Wochenende für Ihre Katze kochen und ihr unter der Woche Dosenfutter geben. Ebenso ist es möglich, morgens zu Fertigfutter zu greifen und abends selbst zu kochen. Auch werden Sie Ihrem Katzensitter, der sich während Ihres Urlaubs um Ihren Stubentiger kümmert, wohl kaum zumuten wollen, daß er/sie Ihre Katze auch noch bekocht. Für diese Zeit ist es wahrscheinlich ebenfalls besser, ein einfach zu handhabendes und leicht zu portionierendes Fertigfutter zu verwenden. Probieren Sie vorher aber unbedingt aus, ob Ihre Katze das Futter auch mag!

Selberkochen

- Ration kann dem individuellen Bedarf angepaßt werden
- Vorlieben und Abneigungen der Katze können leichter berücksichtigt werden
- kontrollierte Zutaten
- Gewöhnung an abwechslungsreiche Kost
- teilweise teuer

Fertigfutter

- sicher in Anwendung, da an Bedarf angepaßt
- keine Kenntnisse über Katzenernährung erforderlich
- leicht zu portionieren, leicht aufzubewahren und zu transportieren, daher praktisch im Urlaub
- einfach und zeitsparend
- preiswerter

Kurzübersicht über die Vorzüge des Selberkochens und der Verwendung von Fertigfutter

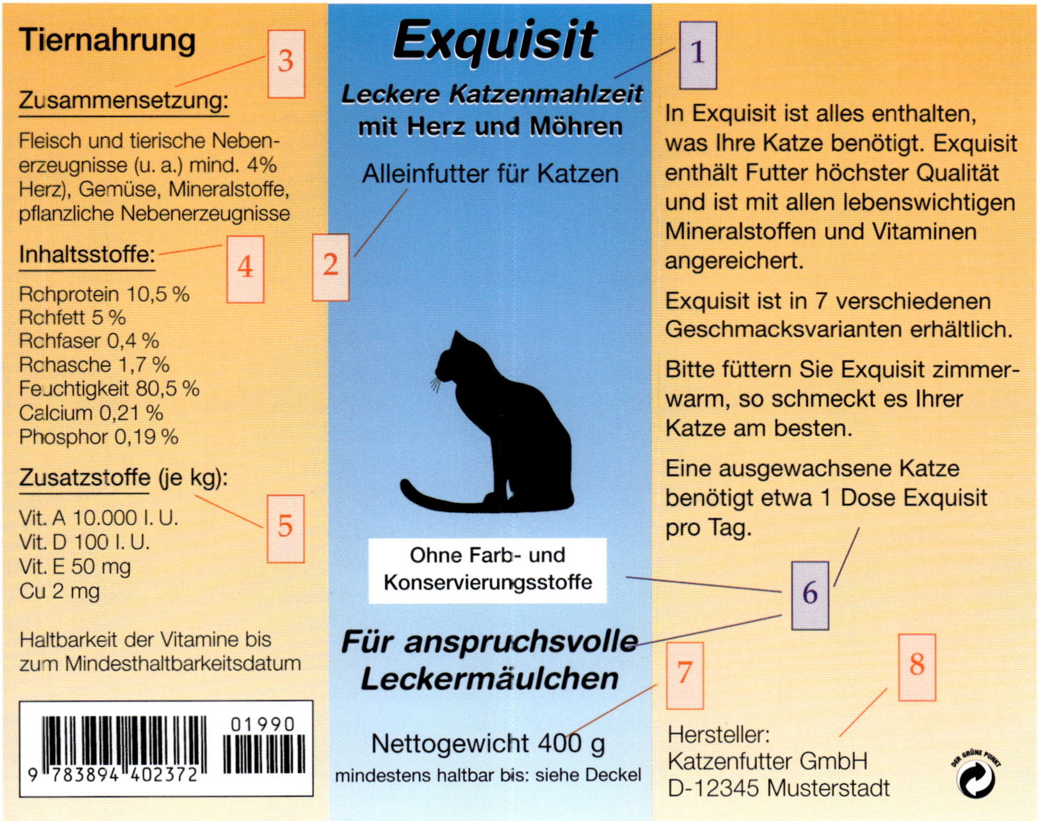

Beispieletikett eines Dosenfutters für Katzen. zur Erklärung der einzelnen Punkte siehe nächste Seite.

Fertigfutter

Auf dem Markt wird eine nahezu unüberschaubare Vielfalt von Futtermitteln für Katzen angeboten. Es gibt zahlreiche Alleinfutter, Dosen- und Trockenfutter, Futter für bestimmte Zwecke, z. B. Welpenfutter oder Seniorenfutter, Snacks und Belohnungen sowie zahlreiche Vitamin- und Mineralstoffprodukte. Anhand der Angaben auf dem Etikett können Sie ein geeignetes Futter für Ihre Katze auswählen.

Was **muß** nun auf einem Etikett stehen, was **darf** draufstehen und was ist **verboten**? Der Gesetzgeber hat hierzu klare Richtlinien und Vorschriften über die Deklaration von Futtermitteln erlassen. Am Beispiel eines Musteretiketts soll im folgenden erläutert werden, wie die Deklaration gegliedert ist und welche Information man ihr entnehmen kann. Rot beschriftet sind die Teile der Deklaration, die gesetzlich vorgeschrieben sind. Blau kennzeichnet die erlaubten Zusatzinformationen.

Grafiken unten: Zusammensetzung von Dosen- und Trockenfutter ohne Wasseranteil.

1 Der Markenname des Futters und die Bezeichnung der Sorte oder Zusatzinformationen wie"mit Herz und Möhren", sind Angaben des Herstellers. Wenn eine bestimmte Fleischsorte, beispielsweise Herz, angegeben wird, bedeutet das nicht, daß der gesamte Fleischanteil aus Herz bestehen muß. Laut Gesetzgeber müssen mindestens 4 % des Fleischanteils aus Herz oder der entsprechenden Fleischsorte bestehen.

Dosenfutter

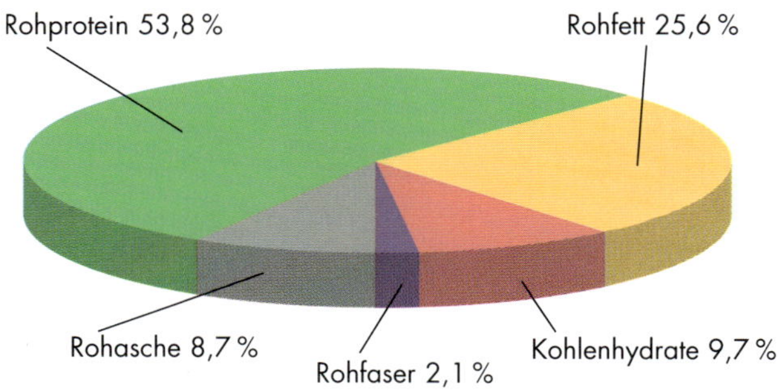

Trockenfutter

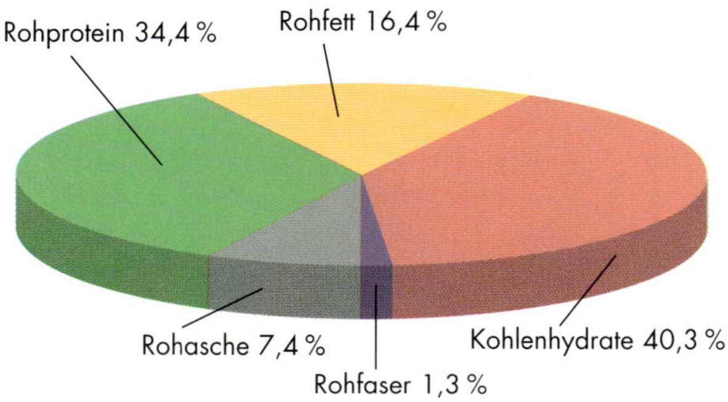

2 Die vorgeschriebene Deklaration des Verwendungszweckes und der Tierart, für die das Futter vorgesehen ist. Dies ist ein wesentlicher Bestandteil der Deklaration! Zunächst einmal geht aus der Bezeichnung hervor, für welche Tierart das Futter bestimmt ist. Wenn wie hier nur allgemein „Katze“ angegeben ist, bedeutet dies, daß es für alle Katzen – wachsende, erwachsene, alte, Zuchtkatzen usw. – verwendbar ist. Es gibt auch Produkte, die nur für die Fütterung in bestimmten Lebensphasen bestimmt sind. Ab Seite 27 werden die gängigen Futtertypen mit ihren charakteristischen Eigenschaften kurz beschrieben.

3 Unter dem Punkt „Zusammensetzung“ müssen die enthaltenen Einzelfuttermittel in der absteigenden Reihenfolge ihrer Gewichtsanteile angegeben werden. Hierbei erlaubt der Gesetzgeber die sogenannte „Gruppendeklaration“. Es müssen also nicht die genauen Einzelzutaten, sondern lediglich die Gruppen, zu denen sie gehören, genannt werden. Die Bezeichnung der einzelnen Gruppen bzw. die

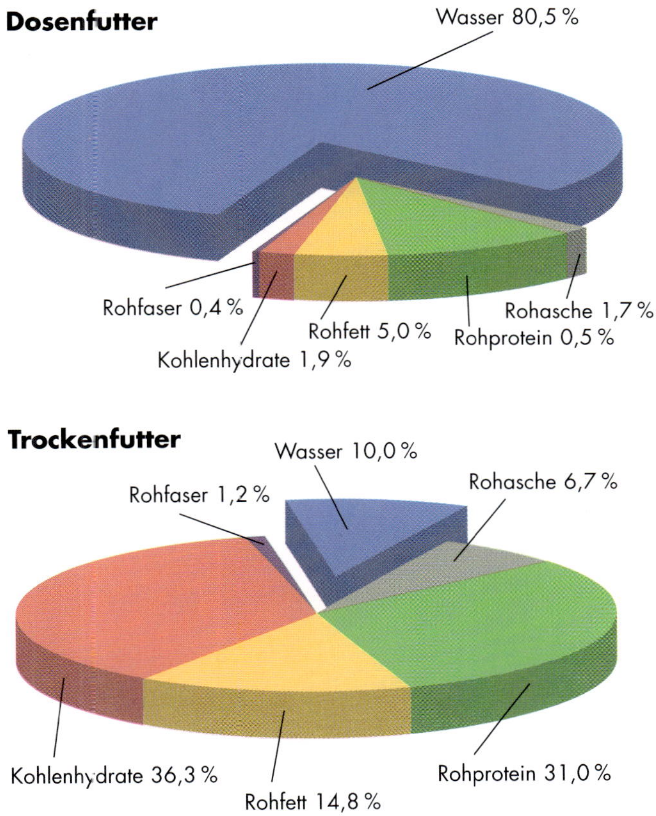

Zuordnung der Einzelzutaten zu der entsprechenden Gruppe ist gesetzlich geregelt. Wenn auf der Verpackung „Fleisch und tierische Nebenerzeugnisse" steht, können u.a. Muskelfleisch, Innereien, Tiermehl, Fleischbrühe, aber auch mehrere Zutaten nebeneinander aus dieser Gruppe enthalten sein.

4 Hier finden Sie die analytisch ermittelten Gehalte an Rohprotein (Eiweiß), Rohfett, Rohfaser (Ballaststoffe) und Rohasche (Mineralien). Die Menge an Feuchtigkeit gibt schlicht und ergreifend den Wassergehalt des Futters an. Wenn der Wassergehalt unter 14 % liegt, muß er nicht deklariert werden. Dies ist bei den Trockenfuttern der Fall. Die meisten Trockenfutter haben einen Wassergehalt von 10–12 %. Auf Katzenalleinfuttern müssen nur die oben erwähnten Rohnährstoffe deklariert werden. Die weiteren Angaben (wie hier der Gehalt an Calcium und Phosphor) sind freiwillig. Auf Ergänzungsfuttermitteln wie z. B. Mineralstoffmischungen sind ausführlichere Angaben vorgeschrieben. Leider ist eine vergleichende Aussage über die Nährstoffgehalte nicht einfach durch den Vergleich der Zahlen möglich. Wenn Sie wissen möchten, ob ein bestimmtes Trockenfutter z. B. mehr oder weniger Eiweiß enthält als Dosenfutter, müssen Sie eine Umrechnung vornehmen. Dosenfutter mit 80 % Wasseranteil enthält nämlich prozentual weniger Nährstoffe in den verbleibenden 20 % Trockenmasse als Trockenfutter, das ca. 90 % Trockenmasse enthält. Die Grafik zeigt vergleichend die Zusammensetzung eines Beispieldosen- und eines Beispieltrockenfutters. Wie jeder weiß, macht Wasser nicht satt, d. h. nur der „Nicht-Wasseranteil" enthält die Kalorien- und Nährstoffe. Daher benötigt eine Katze pro Tag auch

Grafiken oben: Zusammensetzung von Dosen- und Trockenfutter wie deklariert.

$$\text{Nährstoffgehalt in \% der Trockenmasse} = \frac{\text{Nährstoffgehalt laut Verpackung x 100}}{\text{100 – Feuchtigkeitsgehalt}}$$

Beispiel:

Vergleich des Eiweißgehalts von Dosenfutter X und Trockenfutter Y

Angabe Dosenfutter X: Rohfett 5%, Rohprotein 10,5 %, Rohasche 1,7%, Rohfaser 0,4%, Feuchtigkeit 80,5%

⇛10,5% Rohprotein x 100/19,5 = 53,8% Rohprotein in der Trockenmasse

Angabe Trockenfutter Y: Rohfett 14,8%, Rohprotein 31%, Rohasche 6,7%, Rohfaser 1,2%, Feuchtigkeit nicht angegeben (Ø 10% angenommen)

⇛ 31% Rohprotein x 100/90 = 34,4% Rohprotein in der Trockenmasse

mehr Feucht- als Trockenfutter zur Deckung ihres Energiebedarfs.

Um also einen Vergleich bei unterschiedlichem Wassergehalt durchführen zu können, muß die Menge an Fett, Eiweiß usw. auf die Trockenmasse bezogen werden. Für die Berechnung finden Sie auf oben ein Beispiel. Das bedeutet, daß in diesem Beispiel das Dosenfutter vergleichsweise viel mehr Eiweiß enthält. Die Diagramme auf der Vorseite zeigen die Zusammensetzung derselben Futer nach dieser Umrechnung, d. h. **ohne** den Wasseranteil.

5 Zusatzstoffe werden dem Futter aus verschiedenen Gründen zugesetzt. Solche mit „Nährwertcharakter" werden verwendet, um z. B. fehlende Vitamine und Mineralstoffe zu ergänzen. Vorgeschrieben ist die Deklaration des Zusatzes an Vitamin A, D und E sowie an Kupfer. Weiterhin gibt es noch zahlreiche andere Zusatzstoffe, die z. B. zur Konservierung, als Farbstoff oder aus produktionstechnischen Gründen verwendet werden. Es dürfen nur solche Stoffe zugesetzt werden, die gesetzlich zugelassen sind und ihr Zusatz muß deklariert werden.

6 Unter Punkt 6 finden Sie Informationen, die vom Gesetzgeber erlaubt, aber nicht verlangt werden. Hierunter fallen z. B. Werbeaussagen oder Fütterungsanweisungen. Bitte beachten Sie, daß Empfehlungen zur täglichen Futtermenge häufig zu großzügig sind. Die meisten Katzen verfetten, wenn sie soviel fressen, wie angegeben ist.

7 Vorgeschrieben ist der Aufdruck des Nettogewichtes und des Mindesthaltbarkeitsdatums, das auch für die Vitamine gelten sollte.

8 Die Anschrift des Herstellers oder der Firma, die das Futter in Deutschland in Verkehr bringt, muß ebenfalls auf dem Etikett abgedruckt sein.

Was darf nicht auf der Verpackung stehen?

In Deutschland verboten ist die sogenannte „gesundheitsbezogene Werbung". Es darf also nicht mit Aussagen geworben werden, die sich auf die Beseitigung oder Linderung von Krankheiten oder auf die Verhütung von Krankheiten, die nicht ernährungsbedingt sind, beziehen. Diese Einschränkung gilt nicht für Diätfutter.

Welche Futtertypen gibt es?

Alleinfutter für Katzen

Diese Produkte garantieren laut Futtermittelrecht bei ausschließlicher Verwendung die Deckung aller Nahrungsbedürfnisse der Katze. Das bedeutet, daß eine gesunde Katze jeden Alters ihr Leben lang mit einem solchen Futter ernährt werden kann, ohne daß sie einen Mangel erleidet. Es müssen folglich keinerlei Ergänzungen gegeben werden: weder Vitamine noch Mineralstoffe. Damit auch in Phasen erhöhten Nährstoff- oder Mineralstoffbedarfs – z. B. bei der säugenden Katze oder beim wachsenden Katzenwelpen – keine Mangelsituationen eintreten können, enthalten diese Produkte z. B. für erwachsene Katzen einige Nährstoffe im Überfluß. Dies hat aber für eine gesunde Katze keine negativen Auswirkungen.

Fertigfutter sind optimal auf die Bedürfnisse der Katze abgestimmt. Zusätzliche Ergänzungen sind nicht notwendig.

Spezialfuttermittel für bestimmte Altersstufen und Leistungen

Neben Alleinfuttermitteln für Katzen gibt es auch Spezialprodukte, die genau auf einen bestimmten Bedarf abgestimmt sind. Hierzu zählen Futter für Welpen, Senioren, tragende und säugende Kätzinnen sowie Futter nur für die erwachsene Katze, meistens als Erhaltungsfutter, Maintenance- oder Adultfutter bezeichnet. Es ist nicht zwingend notwendig, daß Sie solche Spezialprodukte verwenden, denn auch mit dem oben beschriebenen Alleinfutter für Katzen deckt man ja alle Nährstoffbedürfnisse. Allerdings ist es den Futtermittelherstellern möglich, bei den Spezialprodukten auf die besonderen Bedürfnisse in der jeweiligen Lebensphase einzugehen. In der Tabelle sind diese Besonderheiten kurz dargestellt, nähere Erläuterungen finden Sie in den jeweiligen Extrakapiteln.

Die besonderen Nährstoffansprüche in den bestimmten Lebensabschnitten sind also bei der Verfütterung eines Spezialproduktes in der Regel ausreichend erfüllt. Die zusätzliche Gabe einiger Nährstoffe (z. B. Mineralstoffe und Vitamine) kann daher schnell zu einer Überversorgung mit eventuell ernstzunehmenden Schäden führen. Ob die Gabe von Ergänzungen in Sonderfällen nötig ist, sollten Sie mit Ihrer Tierärztin oder Ihrem Tierarzt besprechen.

Auf keinen Fall sollten Spezialfutter über einen längeren Zeitraum Tieren gegeben werden, die nicht zu der vorgesehenen Tiergruppe gehören. So dürfen z. B. wachsende Katzen nicht mit Erwachsenen- oder Seniorenfutter ernährt werden, da eine komplette Versorgung dann nicht mehr gewährleistet ist.

Anwendungsgebiet	Besonderheiten beim Nährstoffbedarf im Vergleich zum Erhaltungsbedarf (= Erwachsenenbedarf)
Welpen/Aufzucht	erhöhter Bedarf an Energie, Eiweiß (hoch-wertige Qualität), Mineralstoffen und Vitaminen
Zuchtkätzinnen	erhöhter Bedarf an Energie, Eiweiß, Mineralstoffen und Vitaminen
Senioren	erhöhter Bedarf an Energie, Zink und Vitaminen erniedrigter Bedarf an Eiweiß (aber hochwertige Qualität!) und einigen Mineralstoffen

Ergänzungs-futtermittel

Ergänzungsfutter sind, wie der Name schon sagt, nicht als alleiniges Futter, sondern zur Vervollständigung von Rationen vorgesehen. Unter diese Gruppe fallen die zahlreichen Mineralstoff- und Vitaminpulver sowie -tabletten, die im Handel zu finden sind. Bitte beachten Sie: solche Produkte brauchen Sie nicht, wenn Sie Alleinfutter verwenden, im Gegenteil, sie schaden dann eher. Hingegen benötigen Sie unbedingt ein Ergänzungsfutter, wenn Sie selber kochen! Aber Achtung: Mineralstoff- und Vitaminpräparate sind sehr unterschiedlich zusammengesetzt! So kann z. B. der Calciumgehalt von ca. 1 bis zu über 20 % variieren. Bitte benutzen Sie daher, wenn Sie unsere Rezepte verwenden, nur genau das dort angegebene Ergänzungsfutter, welches sowohl Mineralien als auch Vitamine in ausgewogener Kombination und Menge enthält.

Snacks

Belohnungshäppchen und kleine Zwischendurchmahlzeiten sind in vielfältiger Form im Handel erhältlich. Solche Produkte sind nicht als Alleinfutter gedacht und daher meistens nicht ausgewogen zusammengesetzt! Häufig enthalten sie aber noch Vitaminzusätze oder Zucker; dies können Sie der Deklaration entnehmen. Teilweise sind sie auch mineralisiert. Trotz der früher geltenden Auffassung, daß Katzen ihre Energieaufnahme selber regulieren können, fressen sie, wenn es ihnen gut schmeckt und reichlich Futter zur Verfügung steht, zuviel und können dann übergewichtig werden. Also: wenn überhaupt, dann geben Sie solche Häppchen nur ab und zu und in geringer Menge – z. B. als Belohnung bei geglückten Erziehungsmaßnahmen. Vermeiden Sie zuckerhaltige Produkte und solche, die mit den fettlöslichen Vitaminen A, D und E angereichert sind, da eine Überversorgung mit diesen Vitaminen zusätzlich zur normalen Vollnahrung schädlich sein kann. Ähnliches gilt für „hausgemachte" Zwischenmahlzeiten wie Käse, getrockneten Fisch, Leberwurst, gekochten Schin-

Snacks, wie hier getrockneter Fisch, sollten nur gelegentlich gegeben werden, da sie meistens nicht ausgewogen zusammengesetzt sind.

ken oder Wurstaufschnitt. Auch sie entsprechen in ihrer Zusammensetzung nicht den Nährstoffbedürfnissen der Katze. Viele Nahrungsmittel für Menschen sind zudem häufig stark gewürzt. Auch hierfür gilt: nur gelegentlich und nur wenig!

Diätfuttermittel

Diätfuttermittel, die fast ausschließlich beim Tierarzt zu beziehen sind, dürfen nur bei ganz bestimmten Erkrankungen gefüttert werden. Denn Futtermittel sind für besondere Anwendungsbereiche konzipiert. So gibt es beispielsweise Diäten, die bei Herzschwäche, Harnsteinen oder Nierenproblemen eingesetzt werden können. Entsprechend dem Grad der jeweiligen Erkrankung gibt es sogar innerhalb der Anwendungsbereiche Abstufungen. Eine Katze mit ersten Anzeichen einer Nierenschwäche braucht eine andere Diät als eine Katze im fortgeschrittenen Stadium einer solchen Erkrankung. Ob nun eine Diät eingesetzt werden soll und wenn ja welche, muß die behandelnde Tierärztin bzw. der Tierarzt nach einer eingehenden Untersuchung entscheiden. Hier erfahren Sie auch alles über zu vermeidende Diätsünden, die Dauer der Anwendung und mögliche Abhilfe bei Futterverweigerung und ähnliches. Keinesfalls sollten Sie Ihrer Katze selber eine Diät „verschreiben", womöglich nach Übertragung von medizinischen Grundsätzen, die nur für andere Tierarten oder den Menschen gelten. Ein falsches Diätfutter kann großen Schaden anrichten!

Bei Verwendung von Alleinfuttern ist keine zusätzliche Ergänzung z. B. mit Vitaminen erforderlich, sie kann sogar schädlich sein.

Spezialprodukte wie Seniorfutter sollen nur für die angegebene Tiergruppe verwendet werden.

Spezielle Diätfutter für kranke Katzen erhalten Sie bei Ihrem Tierarzt.

Worauf ist beim Kauf zu achten?

Eine erste Orientierung beim Kauf bietet Ihnen das Etikett. Die Deklaration sollte wie oben beschrieben vollständig sein und keine verbotenen Teile enthalten. Zwar bedeutet eine nicht korrekte Deklaration nicht unbedingt, daß das Futter schlecht ist, aber zumindest sagt es einiges über die Seriosität des Herstellers aus! Weiterhin sollte das Verfallsdatum nicht überschritten und die Verpackung nicht beschädigt sein. In seltenen Fällen kommt es vor, daß Dosen deutlich aufgewölbt sind. Dies kann ein Hinweis auf eine sogenannte Bombage sein; der Inhalt ist möglicherweise verdorben. Beim Öffnen einer solchen Dose bemerkt man sofort den ekelerregenden Geruch. Natürlich darf dieses Futter nicht verfüttert werden. Die Hersteller ersetzen solche fehlerhaften Produkte in der Regel, da derartige Probleme auch bei korrekter Produktion gelegentlich vorkommen können. Auch die Verpackungen von Trockenfutter, Mineralfutter o.ä. sollte unbeschädigt sein. Durch kleine Löcher können Feuchtigkeit oder Vorratsschädlinge eindringen. Dies kann Nährstoffverluste und Hygienemängel zur Folge haben.

Was ist besser: Trocken- oder Dosenfutter?

Hier gibt es keine eindeutige Empfehlung. Manchmal stellt sich diese Frage gar nicht erst, nämlich dann, wenn Ihre Katze z. B. nur Trockenfutter mag und sämtliche Feuchtfutter verweigert.

Vergessen Sie aber nicht, daß Katzen, die Dosenfutter fressen, insgesamt mehr Feuchtigkeit aufnehmen, als Katzen, die mit Trockenfutter ernährt werden. Zwar trinken Katzen, die Trockenfutter fressen, mehr aus dem separaten Trinkwassernapf, aber nicht soviel mehr, daß sie den Vorsprung, den Feuchtfutter fressende Katzen haben, wieder aufholen. Bei gesunden Katzen macht dieser Unterschied nicht viel aus. Bei Katzen, die Probleme mit Harnsteinen haben – vor allem bei Katern – muß jedoch neben anderen Vorbeugemaßnahmen eine möglichst hohe Wasseraufnahme angestrebt werden, um die Harnkonzentration zu verdünnen. Hier wäre ein Dosenfutter also vorteilhaft. Inzwischen gibt es aber auch sehr gute Trockenfutter beim Tierarzt, die das Risiko der Harnsteinbildung reduzieren.

Weiterhin ist zu beachten, daß geöffnete Dosen schnell verderben können. Wird eine Portion nicht innerhalb von etwa einer

Wird Trockenfutter gefüttert, muß immer reichlich Wasser angeboten werden.

Stunde gefressen, dann sollte sie weggeworfen oder kurzfristig abgedeckt im Kühlschrank aufbewahrt und später erneut angeboten werden. Bei warmer Umgebungstemperatur kann diese Zeit allerdings auch kürzer sein. Da Trockenfutter durch Wasserentzug konserviert wird – Verderbniserreger brauchen einen Feuchtigkeitsgehalt von mehr als 14 % –, kann man es länger im Napf belassen. Wenn Ihre Katze also lieber häufig über den Tag verteilt frißt, eignet sich Trockenfutter besser. Frisches Wasser zur freien Verfügung zu stellen ist hier natürlich noch wichtiger als bei der Fütterung von Feuchtfutter.

Die angebotene Menge pro Mahlzeit sollte dem Bedarf der Katze angepaßt sein, da sie schnell zu dick wird, wenn sie immer zuviel bekommt.

In Ihrem eigenen Interesse ist es sicherlich am besten, Ihre Katze von klein auf an verschiedene Trocken- und Dosenfutter, aber auch an unterschiedliche Marken und Geschmacksrichtungen zu gewöhnen, damit sie sich nicht zu einem kleinen Terroristen entwickelt, der durch hartnäckiges, eventuell tagelanges Futterverweigern, sein Frauchen oder Herrchen dazu zwingt, nur noch die Lieblingsspeise zu kaufen. Dies kann vor allem dann fatale Folgen haben, wenn Ihre Katze krankheitsbedingt einmal ein Diätfutter erhalten muß!

Premium- oder Billigfutter?

Auch hier kann man keine eindeutige Antwort geben. In der Regel enthalten Premiumfutter hochwertigere Zutaten, wodurch auch der höhere Preis bedingt ist. Es gibt aber auch durchaus empfehlenswerte „Billigfutter“ auf dem Markt, wie eine Untersuchung der Stiftung Warentest (Februar 1998) herausgefunden hat.

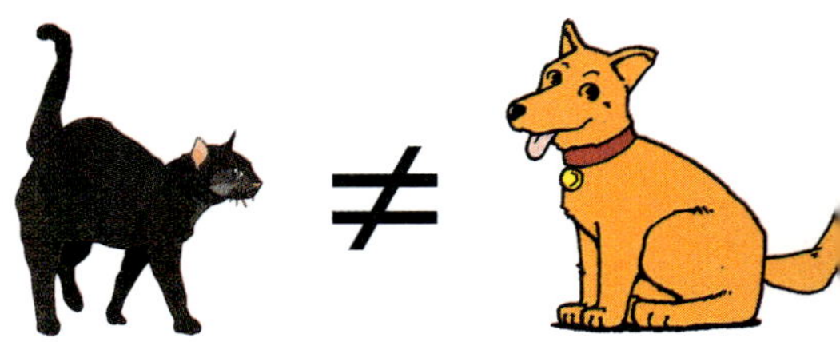

Dürfen Katzen Hundefutter bekommen?

Nein: Katzen können mit Hundefutter nicht ausgewogen ernährt werden! Als spezialisierte Fleischfresser stellen Katzen andere Ansprüche an ihre Nahrung als der Hund. Dieser nimmt in Bezug auf seine Ernährung eine Mittelstellung zwischen Fleischfresser und Allesfresser ein. So hat die Katze z. B einen wesentlich höheren Eiweißbedarf als der Hund. Außerdem ist sie auf die Zufuhr einiger Nährstoffe angewiesen, die sie im Gegensatz zum Hund nicht selber bilden kann, und die deshalb in der Hundenahrung nicht unbedingt in für Katzen ausreichender Menge enthalten sind. Dazu gehören beispielsweise die Aminosäure Taurin, die Fettsäure Arachidonsäure und das Vitamin A. Wenn Ihre Katze gelegentlich mal Hundefutter aus dem Hundenapf klaut, ist dagegen nichts einzuwenden. Langfristig ist Hundefutter jedoch als alleinige Nahrung für Katzen keinesfalls zu empfehlen!

Selbstzubereitete Rezepte

Haben Sie sich dafür entschieden, Futtermischungen für Ihre Katze(n) selber herzustellen, dann müssen Sie unbedingt ein paar wichtige Punkte beachten. Nicht nur die Tatsache, daß Katzen echte Nahrungsspezialisten sind und hohe Ansprüche an die Zusammensetzung ihres Futters stellen, sondern auch die Gefahr, daß sich Fehler bei der Rationsgestaltung einschleichen, kann zu einer mangelhaften und unausgewogenen Ernährung führen. Man muß sich schon sehr gut mit den Bedürfnissen der Katze bezüglich ihrer Nahrung auskennen, wenn man ohne Fehler vom kompletten Fertigfutter auf Hausmannskost umstellen möchte. Damit dieser Schritt für Sie einfach und vor allem sicher wird, haben wir einige Rezepte zusammengestellt, die allen Anforderungen der gesunden Ernährung entsprechen. Solange Sie sich genau an die Angaben halten, kann also nichts schiefgehen! Warum eine Abwandlung der Rezepte so gefährlich für Ihre Katze sein kann und wo Probleme entstehen können, soll Ihnen folgende Aufzählung verdeutlichen:

- Frißt die Katze ihre Beutetiere wie Mäuse, Vögel und Fische, dann nimmt sie immer das ganze Tier „mit Haut und Haaren“ und vor allem mit dem Skelett und dem Inhalt des Magendarmtraktes auf. So erhält sie alle nötigen Nährstoffe wie Mineralstoffe und Vitamine. Da nur die allerwenigsten Katzenbesitzer Mäuse servieren möchten, muß man die Zusammensetzung der Beutetiere eben „nachkochen“ (siehe auch Seite 8). Hierzu werden verschiedene Einzelfuttermittel, die jeweils Quellen für bestimmte Nährstoffe sind, miteinander kombiniert. Da aber die meisten zur Verfügung stehenden Rationskomponenten arm an Mineralstoffen wie Calcium oder auch an einigen lebenswichti-

Ziel der richtigen Ernährung muß es sein, der Nährstoffzusammensetzung der natürlichen Beute möglichst nah zu kommen.

gen Vitaminen sind, ist es unbedingt notwendig, daß eine passend zusammengesetzte Vitamin-Mineral-Mischung in der richtigen Menge eingesetzt wird. Im Rezeptteil dieses Buches wird bei jeder Mischung die nötige Menge an einem solchen Mineralfutter angegeben, und zwar in Gramm pro 0,5 kg Körpergewicht der Katze. Dieses Pulver muß gleichmäßig unter das restliche Futter gemischt werden. Vorsicht: kochen oder braten Sie es nicht mit, sondern geben es erst dann dazu, wenn das Futter etwa auf Körpertemperatur abgekühlt ist. Andernfalls könnten einige hitzelabile Vitamine zerstört werden. Übrigens: viel hilft nicht viel! Geben Sie nie mehr als im Rezept angegeben, denn nicht nur eine mangelhafte Nährstoffaufnahme, sondern auch eine Überversorgung kann Schäden hervorrufen.

• Mischen Sie alle Komponenten der Ration so miteinander, daß die Katze nicht ihre Leckerbissen herauspicken und die ungeliebten

Sachen verschmähen kann. Jede der Zutaten liefert bestimmte Nährstoffe, die nicht einfach weggelassen werden können. Also sollten Sie auf keinen Fall die Zutaten in verschiedene Näpfe füllen: einmal Fleisch, einmal Reis usw. Dann werden wohl nie die richtigen Anteile verspeist. Wenn mehrere Tiere im Haushalt sind, dann kann es sogar unbemerkt bleiben, daß sich jedes nur seiner Leibspeise zuwendet, was langfristig Nährstoffmängel zur Folge haben kann. Frißt eine Katze über einen längeren Zeitraum beispielsweise nur Fleisch, besteht die Gefahr des sogenannten All-Meat-Syndroms. Am besten zerkleinern Sie die Zutaten und mischen sie gründlich untereinander. Besonders wichtig ist es, daß die Vitamin-Mineralstoff-Mischung nicht zurückbleibt (s.o.).

• Wenn Sie das Futter für Ihre Katze selber zubereiten und nicht ausschließlich Fertigprodukte verwenden wollen, dann haben Sie sich etwas Anspruchsvolles vorgenommen. Nicht nur die Herstellung einer vollwertigen und ausgewogenen Nahrung ist Voraussetzung für das Gelingen, sondern auch das Treffen des Katzengeschmacks. Wie jeder Katzenliebhaber weiß, sind Katzen sehr eigen und dickköpfig. Dies ist zwar einerseits ein Charakterzug, der Katzen gerade interessant macht, andererseits kann es auch lästig sein, wenn beispielsweise die schönsten Leckereien verschmäht werden. Da gibt es nur eins: ausprobieren! Sie dürfen allerdings nicht den Fehler begehen, nur die geliebten Leckerbissen zu verwenden und die weniger interessanten Zutaten wegzulassen! Sie handeln hierbei nicht im Sinne Ihrer Katze, denn meist resultiert daraus eine einseitige Mangelernährung. Eine erwachsene Katze im Erhaltungsstoffwechsel wird im Einzelfall längerfristig ohne sichtbare Schäden damit leben können, Tiere dagegen, die eine Leistung wie Wachstum oder Fortpflanzung erbringen müssen, können schnell Schäden ausbilden. Trotzdem sollten selbstverständlich alle Katzen optimal ernährt werden, damit sie sich auch rundum wohl fühlen. Stellen Sie die Futtermischungen nach den Anweisungen im Rezeptteil her. Dabei können Sie einzelne Zutaten entsprechend der Übersicht auf Seite 47 auch gegeneinander austauschen, wenn sie keinen Anklang finden.

• Im Glossar auf Seite 87 ist die Art der Zubereitung für die einzelnen Zutaten vermerkt. Sie sollten sich in der Regel daran halten, da einige Futtermittel ohne eine bestimmte „Behandlung“ nicht oder schlecht für Katzen verträglich sind. So können roh verfütterte Kohlenhydrate (Kartoffeln, Reis, Getreideprodukte u. a.) bei Fleischfressern zu schweren Verdauungsstörungen führen.

Daher schließt man sie durch Kochen (Reis, Kartoffeln), Poppen (Mais, Reis), Mikronisieren (Getreideflocken) oder ähnliche Verfahren auf.

• Auch bei tierischen Produkten ist die korrekte Verarbeitung ganz wichtig. So sollten Schweinefleisch, Geflügelfleisch, Fisch oder Eiklar niemals roh gegeben werden (siehe auch Seite 21). Dies kann Infektionen zur Folge haben (Aujeszkysche Krankheit, Parasitosen), aber auch Auswirkungen auf die Nährstoffversorgung zeigen. Roher Fisch enthält beispielsweise einen Stoff, der Vitamine der B-Gruppe zerstört. Eine andere Substanz, die in rohem Eiklar enthalten ist, zerstört das Biotin sowie Verdauungsenzyme.

Eier dürfen nur gekocht verfüttert werden. Rohes Eiklar enthält eine Substanz, die den Vitaminstoffwechsel stört.

• Sie brauchen nicht täglich die Futterration frisch herzustellen, sondern können auf Vorrat kochen und die Mischung dann portioniert einfrieren. Die Tagesportion wird dann aufgetaut und z. B. in der Mikrowelle oder im Wasserbad etwa auf Körpertemperatur erwärmt.

Was Sie noch beachten müssen:

Sobald Sie nicht nur Fertigfutter sondern auch Einzelfuttermittel (Fleisch, Gemüse, Getreide u. ä.) verwenden, müssen Sie auf weitere wichtige Punkte achten. Es gibt nämlich einige „Sünden" bei der Katzenfütterung, die wir „No-No's" nennen.

„No-No's" – Was Sie auf keinen Fall füttern dürfen

• Schweinefleisch darf **niemals** roh gegeben werden! Damit würden Sie ‚Russisch Roulette' mit Ihrer Katze spielen, denn die Schweine könnten mit dem für Katzen und Hunde tödlichen Virus der Aujeszkyschen Krankheit infiziert gewesen sein. Wird das Fleisch dagegen ausreichend erhitzt, werden die Viren inaktiviert. Schweinefleisch muß daher immer so gekocht oder gebraten werden, daß alle Schichten ausreichend erhitzt werden, also bitte „well done" und nicht „medium".

Denken Sie auch daran, daß viele Wurstsorten (besonders Räucherware) Schweinefleisch enthalten, das nicht ausreichend erhitzt wurde. So ist z. B. auch Schinken tabu, es sei denn, es handelt sich um gekochten Schinken.

• Ebenfalls tabu sind rohes Geflügelfleisch oder roher Fisch, da diese Nahrungsmittel unter Umständen mit Krankheitserregern behaftet sind, die für die Katze gefährlich werden können (Salmonellen oder Parasiten). Kochen oder Braten verhindert eine Infektion. Außerdem enthält roher Fisch wie auch rohes Eiklar, das man ebenfalls vor der Verfütterung erhitzen muß, Stoffe, die die Verfügbarkeit von Vitaminen herabsetzen. Lediglich Rindfleisch und Schaffleisch kann man roh füttern, falls es der Stubentiger gekocht nicht annimmt. Im Interesse Ihrer Katze sollten Sie aber beim Kauf des Fleisches sicherstellen, daß es bei Schlachtung, Transport, Lagerung und Weiterverarbeitung nicht mit Schweinefleisch in Kontakt gekommen ist.

• Milch und Sahne sind strenggenommen nichts für die Katze! Der darin enthaltene Milchzucker (Laktose) kann von Katzen ab der 8. bis 10. Lebenswoche nur in ganz geringen Mengen verdaut werden. Folge der Milchfütterung könnte eine Verdauungsstörung mit Durchfall sein (siehe hierzu auch Seite 67). Verschmäht Ihre Katze reines Wasser als Getränk, dann können Sie es mit Milch ein wenig „anfärben“. Beachten Sie aber bitte, daß dies nicht von heute auf morgen passieren darf und auch nicht sporadisch erfolgen sollte. Da die Katze selbst kaum eine körpereigene Verdauungskapazität für Laktose besitzt, sind die natürlich vorkommenden Dickdarmbakterien für die Spaltung des Zuckers nötig. Aber nicht alle Bakterien sind hierzu in der Lage. Es muß sich erst eine spezifische Bakterienflora entwickeln, was einige Zeit in Anspruch nimmt. Außerdem gibt es empfindliche Tiere, die schon auf kleine Milchmengen mit Durchfall reagieren. Also: Wollen Sie Milch oder Sahne verfüttern, dann verwenden Sie täglich nur kleine Mengen. Treten trotzdem Verdauungsprobleme auf, dann streichen Sie die Milch ganz vom Speiseplan. Die Industrie bietet sogenannte Katzenmilch an, die einen reduzierten Milchzuckergehalt aufweist. Dies bedeutet, daß im Vergleich zu normaler Kuhmilch etwas höhere Mengen gegeben werden können. Aber Vorsicht: Auch hier gibt es einige Kandidaten, die mit Durchfall reagieren. In diesem Fall geben Sie besser Wasser „pur“.

• Geben Sie Katzen nie Rohmilch! Unbehandelte Kuhmilch bildet im Katzenmagen gummiartige

Klumpen, die besonders für Katzenwelpen fatale Folgen haben können.

• Knochen sind ebenfalls nichts für Katzen! Besonders Geflügelreste mit kleinen, dünnen Knochen verbieten sich, auch wenn die Katzen sie gar zu gerne fressen würden. Da Katzen die Knochen nicht ausreichend zerkauen, werden unter Umständen Splitter aufgenommen, die Verletzungen im Maul oder der Speiseröhre verursachen können. Neben der Überversorgung mit Calcium kann es außerdem bei zu großen Knochenmengen zu Verstopfungen kommen (siehe auch Seite 66). Befreien Sie Geflügelreste sowie Reste von Kaninchen- oder Hasenbraten also peinlichst genau von Knochenresten, bevor Sie sie Ihrer Katze in den Napf geben.

Rohmilch ist für Katzen tabu!

• Gräten können genauso wie Knochen zu Verletzungen und Verstopfung führen. Auch hier gilt: Fischreste gibt es nur dann, wenn sämtliche Gräten und auch der Kopf vor der Verfütterung entfernt wurden.

• Katzen sind zwar Fleischfresser, aber Fleisch alleine ist keine ausgewogene Ernährung. Es fehlen viele wichtige Nährstoffe wie Calcium, Jod, Vitamine und auch die für die Verdauung wichtigen pflanzlichen Faserstoffe. Bei reiner Fleischfütterung entsteht das sogenannte „All Meat Syndrom", bei dem die Tiere weichen, stinkenden Kot absondern sowie ein stumpfes Fell und vor allem Knochenschäden bekommen.

• Für die meisten Katzen ist Leber ein wahrer Leckerbissen. Aber lange nicht alles was schmeckt ist gesund! Die Leber spielt eine zentrale Rolle im Stoffwechsel und ist in diesem Rahmen auch für die Speicherung einiger Vitamine und Mineralstoffe verantwortlich. So enthält die Leber von Schlachttieren sehr hohe Mengen an Vitamin A. Die Katze ist in Hinblick auf eine Überversorgung mit diesem fettlöslichen Vitamin sehr empfindlich. Eine längerfristige Überversorgung mit Vitamin A kann schwere Schäden am Bewegungsapparat zur Folge haben (siehe auch Seite 19). Verwenden Sie also nur soviel Leber, wie in den Rezepten angegeben ist; bei Verwendung von Alleinfutter sollte überhaupt keine Leber mehr zusätzlich gegeben werden. Vitaminergänzungen wie Lebertran, aber auch spezielle Produkte für Katzen enthalten häufig hohe Vitamin A-Mengen und sind daher entsprechend zurückhaltend einzusetzen.

• Da die Katze zu den Carnivoren, also den Fleischfressern zählt, enthält ihr normales Nahrungsspektrum nur sehr geringe Mengen an Kohlenhydraten (z. B. Zucker oder Stärke). Entsprechend gering ist ihre Verdauungskapazität hierfür (siehe auch Seite 12). Auch der Stoffwechsel der Katze ist kaum auf die Aufnahme solcher Verbindungen ausgerichtet, d. h. die Katze verträgt insgesamt nur geringe Mengen davon. Also: Füttern Sie nur wenig Kohlenhydrate (entsprechend den Angaben im Rezeptteil) und möglichst keinen Zucker (Rohrzucker, Fruchtzucker, Milchzucker) oder Zuckeraustauschstoffe (z. B. Sorbit). Kohlenhydratträger wie Kartoffeln, Getreideflocken oder Reis müssen unbedingt gekocht werden, damit die in ihnen enthaltene Stärke aufgeschlossen vorliegt und so verdaut werden kann.

Katzen mit Freigang haben einen höheren Energiebedarf als reine Wohnungskatzen.

Wie benutze ich die Rezeptesammlung?

Zur Ermittlung der täglichen Futtermenge ist es notwendig, den Energiebedarf Ihrer Katze zu kennen. Wieviel Energie eine Katze genau braucht, hängt hauptsächlich von ihrem Körpergewicht ab. Aus der rechts abgebildeten Tabelle können Sie den Energiebedarf einer erwachsenen Katze ablesen. Es handelt sich bei den Angaben um den durchschnittlichen Bedarf, der zusätzlich von weiteren, individuellen Faktoren beeinflußt wird. Solche Faktoren sind die Art der Haltung, die Aktivität, eine eventuell zu erbringende Leistung, das Alter sowie weitere individuelle Unterschiede. So hat eine Katze mit Auslauf im Freien einen deutlich höheren Bedarf als eine reine Wohnungskatze; andererseits muß natürlich bei Jägern die draußen gefressene Beute mit einkalkuliert werden. Wohnt mehr als eine Katze im Haushalt, ist ebenfalls erhöhte Aktivität und damit ein höherer Energieverbrauch zu verbuchen.

Aber auch individuelle Unterschiede in der Stoffwechselaktivität sind bei Katzen – wie ja auch beim Menschen – bekannt. Auch unter Katzen findet man gute und schlechte Futterverwerter. Altersbedingt gibt es nur wenig Unterschiede, teilweise haben Senioren aber einen etwas höheren Energiebedarf. Erbringt die Katze eine Leistung – hierbei kann es sich beispielsweise um Wachstum, Trächtigkeit oder das Säugen von Welpen handeln – dann ändert sich der Energiebedarf grundlegend. Lesen Sie hierzu bitte die Kapitel „alte Katze“, „junge Katze“ und „trächtige und säugende Katze“.

Die Angabe der Energie erfolgte bisher als „verdauliche Energie“ (= DE für **D**igestible **E**nergy) in der Dimension Kalorien [cal] oder in der neueren Einheit Joule [J] (1 cal = 4,18 J). Es handelt sich hierbei um die aus dem Darm resorbierte, für die Katze verfügbare Energie, die nicht wieder mit dem Kot ausgeschieden wird. Neuerdings erfolgt die Angabe der Energie bei der Katze als „umsetzbare Energie“ (= ME für **M**etabolisable **E**nergy). Die Energiebewertung beruht hierbei auf einer noch detaillierteren Stufe, da die Verluste energiereicher Verbindungen, die mit dem Harn ausgeschieden werden, mit einkalkuliert werden. Die Angaben in diesem Buch beziehen sich auf die nutzbare Energie. Allerdings weichen beide Formen nur geringfügig voneinander ab, so daß für den „Hausgebrauch“ keine Umrechnung erfolgen muß.

ENERGIEBEDARF DER KATZE

Körpergewicht [kg]	Energiebedarf [MJ ME]	Energiebedarf [kcal ME]	Körpergewicht [kg]	Energiebedarf [MJ ME]	Energiebedarf [kcal ME]
1,5	0,38	91	7	1,78	425
2	0,51	121	7,5	1,90	455
2,5	0,63	152	8	2,03	486
3	0,76	182	8,5	2,16	516
3,5	0,89	213	9	2,28	546
4	1,02	243	9,5	2,41	577
4,5	1,14	273	10	2,54	607
5	1,27	304	10,5	2,66	638
5,5	1,40	334	11	2,79	668
6	1,52	364	11,5	2,92	698
6,5	1,65	395	12	3,05	729

Durchschnittlicher täglicher Bedarf ausgewachsener Katzen mit Idealgewicht und mittlerer Bewegungsaktivität an umsetzbarer Energie [ME] in Abhängigkeit vom Körpergewicht.

Wieviel Futter braucht meine Katze?

In der folgenden Rezeptsammlung erfolgt die Angabe der Futtermengen jeweils für eine 4 kg schwere Katze, da dies das Normalgewicht für eine Vielzahl von Katzen ist. Zusätzlich wird der Energiegehalt in 100 g der Mischung angegeben. Hat Ihre Katze ein von 4 kg abweichendes Normalgewicht, können Sie sich aus dieser Angabe ganz leicht berechnen, wieviel sie von dieser Mischung täglich bekommen soll. Nimmt sie allerdings von der berechneten Energie- bzw. Futtermenge langfristig zu oder ab, muß der errechnete Wert so lange nach oben bzw. unten korrigiert werden, bis die Katze wieder ihr Normalgewicht hält. Haben Sie die optimale Menge an Futter und damit an Energie nach einiger Zeit festgestellt, können Sie auch andere Rezepte sofort in der richtigen Menge zuteilen!

Bereits von klein an empfiehlt es sich, die Gewichtsentwicklung im Auge zu behalten und den individuellen Bedarf zu berücksichtigen.

Rechenbeispiel zur Ermittlung der täglichen Futtermenge für eine Katze mit 5 kg Körpergewicht (Normalgewicht)

⇛ Täglicher Energiebedarf = 1,27 Megajoule (MJ) oder 304 Kilocalorien (kcal)

Das Futter hat einen Energiegehalt von 1,6 MJ oder 382 kcal pro 100 g
⇛ Die Katze benötigt täglich 79 g

Berechnung
Formel: MJ Energiebedarf/MJ Energiegehalt x 100 = g Futter
oder:
kcal Energiebedarf/kcal Energiegehalt x 100 = g Futter

Beispiel:
1,27 MJ Energiebedarf/1,6 MJ Energiegehalt x 100 = 79 g Futter
oder:
304 kcal Energiebedarf/382 kcal Energiegehalt x 100 = 79 g Futter

Die Tagesration wird also grundsätzlich nach der Energie zugeteilt. In der ermittelten Futtermenge müssen alle Nährstoffe in ausreichenden und ausgewogenen Mengen enthalten sein. Hierauf wurde bei der Zusammenstellung aller folgenden Rezepte geachtet. Aufgrund der bereits angesprochenen individuellen Unterschiede hinsichtlich des Energiebedarfs, muß die Futtermenge im Einzelfall eventuell etwas variiert werden. Eine ausgewachsene Katze mit Idealgewicht soll weder zu- noch abnehmen. Wiegen Sie Ihre Katze also in regelmäßigen Abständen. Wenn sie ihr Idealgewicht hält, haben Sie die richtige Futtermenge gefunden. Hat sie dagegen Untergewicht und soll zunehmen, dann muß eine größere Energiemenge als berechnet zugeteilt werden. Ist die Katze übergewichtig, muß die Futtermenge reduziert werden damit sie wieder abnimmt. Über das genaue Vorgehen in diesen speziellen Fällen informieren Sie sich auf Seite 71 und 73.

In den folgenden Rezepten werden neben der Angabe des Energiegehaltes in Kalorien beziehungsweise Joule pro 100 g zur Berechnung der täglich benötigten Futtermenge auch die Mischungsverhältnisse durch Prozentangaben hinter den einzelnen Futtermitteln festgelegt. Diese Art der Angaben ermöglicht einerseits die Berechnung der nötigen Futtermenge für jede einzelne Katzenrasse: vom Siamesen bis zum Maine Coon, von der Europäischen Kurzhaarkatze bis zur Norwegischen Waldkatze. Andererseits können Sie auch die Menge der Zutaten ermitteln, wenn Sie mehrere Portionen vorbereiten und z. B. einfrieren wollen. In diesem Fall entnehmen Sie dann jeweils die Tagesmenge zur Fütterung.

Auch die benötigte Vitamin-Mineralstoffmischung teilen Sie anhand des Körpergewichtes Ihrer Katze zu. In den Rezepten finden Sie die Angaben, wieviel Gramm Mineralfutter täglich pro 500 g Körpergewicht (bei Normalgewicht!) der Katze gegeben werden müssen. Es wird vor jeder Fütterung unter das Futter gemischt. Sie können es auch mit einfrieren, allerdings nicht erhitzen, da die Vitamine hierbei teilweise zerstört würden.

Wo liegt das Normalgewicht meiner Katze?

Die Unterschiede in Gewicht und Größe sind bei Katzen bekanntermaßen lange nicht so groß wie bei

Rechenbeispiel zur Ermittlung einer Wochenration:

Eine Katze benötigt pro Tag 200 g einer Futtermischung bestehend aus 60 % Fleisch, 30 % Kartoffeln, 5 % Ei sowie 5 % Quark.

Soll Futter für eine Woche vorbereitet werden, wird die Tagesmenge mit 7 multipliziert (200 x 7) = 1400 g Also werden in einer Woche 1400 g der Mischung benötigt. Nun wird die Menge jeder Komponente ermittelt:

Fleisch: 60 % von 1400 g Futter ⇛ 1400 g x 60 / 100 = in der Wochenration ist 840 g Fleisch enthalten

Kartoffeln: 30 % von 1400 g Futter ⇛ 1400 g x 30/100 = in der Wochenration sind 420 g Kartoffeln enthalten, entsprechend enthält eine Wochenration 70 g Ei sowie 70 g Quark.

Hunden. Man denke nur einmal an so unterschiedliche Rassen wie den Irischen Wolfshund oder den Bernhardiner im Vergleich zu einem Yorkshire Terrier oder einem Rehpinscher! Trotzdem gibt es natürlich auch bei Katzen rassebedingte Unterschiede im Körpergewicht. Bringt eine Abessinier beispielsweise 5 kg auf die Waage, dann kann man sie fast unbesehen als übergewichtig bezeichnen. Ein Europäischer Kurzhaarkater kann bei diesem Kaliber durchaus noch rank und schlank sein. Um eine grobe Einordnung schon hinsichtlich der Rassezugehörigkeit durchführen zu können, finden Sie in der Tabelle auf dieser Seite Angaben zum durchschnittlichen Normalgewicht einiger Katzenrassen. Natürlich variieren diese auch innerhalb der Rassen: es gibt teilweise sehr zierliche Schläge, aber auch kräftige Zuchten. Hinzu kommt bei Katzen ein mehr oder weniger stark ausgeprägter Geschlechtsunterschied, daher können Sie der Tabelle die Angaben für „Katze" und „Kater" entnehmen.

Diese Angaben können im Einzelfall aber noch zu ungenau sein. Ob ein Kater nur sehr „kräftig" ist oder schon als übergewichtig bezeichnet

Der Ernährungszustand Ihrer Katze sollte regelmäßig überprüft werden!

Durchschnittliches Normalgewicht (kg)	Katze	Kater
Perser, Europ. Kurzhaar, Karthäuser	3,5	5,0
Birma, Manx, Russisch Blau, Rex	3,4	3,8
Abessinier, Siam, Havanna, Burma, Ägypter	2,9	3,6
Somali	2,9–3,6*	
British Blue	2,3–5,0*	
Norwegische Waldkatze	4,5–8,0*	
Maine Coon	6,0–11,0*	

* = obere Werte gelten für Kater

werden muß, bleibt oft fraglich. Durch Betasten bestimmter Körperregionen kann eine bessere Einschätzung des Ernährungszustandes versucht werden. So ist am Brustkorb eine dünne Fettschicht durchaus in Ordnung, doch sollte man nicht mit den Fingern nach den Rippen „bohren" müssen. Die sogenannte Fettwamme am hinteren Bauch ist bei älteren Tieren und auch bei kastrierten Katern keine Seltenheit und daher nicht grundsätzlich ein Grund zur Besorgnis. Wird sie allerdings zu groß, dann müssen Sie regulierend eingreifen (siehe Seite 71). Eine Hilfestellung sollen auch die Abbildungen unterschiedlicher Katzensilhouetten sein. Am besten eignet sich zur Feststellung des Normalgewichtes das Wiegen und Notieren des festgestellten Wertes bei einem Jungtier. Ist die Katze etwa ein Jahr alt, dann kann man in der Regel davon ausgehen, daß sie ausgewachsen und noch nicht übergewichtig ist. Nehmen Sie sich auch später in regelmäßigen Abständen Zeit und wiegen Sie Ihre Katze zur Kontrolle. Hierbei geht man am besten so vor, daß man sich einmal mit und einmal ohne Katze auf die Personenwaage stellt und die Differenz zwischen beiden Werten ermittelt: Dies ist dann das Gewicht Ihrer Katze. Sind Sie sich trotz allem nicht ganz sicher, ob Ihre Katze nun ihr Idealgewicht besitzt oder nicht, dann fragen Sie Ihren Tierarzt.

Welches Rezept ist das richtige?

Grundsätzlich können sämtliche Rezepte für Katzen aller Alters- und Leistungsstadien verwendet werden. Sie können also zwischen den Rezepten frei auswählen – nach Ihrem Geschmack und dem Ihrer Katze. Aus diesem Grund wurde

Katzen-silhouetten

(kachektisch = ausgezehrt)

Katzen können sehr wählerisch sein. Das Kunststück besteht darin, herauszufinden, was Ihrer Katze schmeckt. Trotzdem müssen die individuellen Bedürfnisse berücksichtigt werden, um eine ausgewogene Ernährung zu garantieren.

auch – wenn möglich – nur ein Vitamin-Mineralfutter verwendet; dies erleichtert Ihnen den Wechsel zwischen den Rezepten. Andererseits können Sie sich auch auf ein Lieblingsrezept beschränken. Ihrer Katze wird es trotzdem an nichts fehlen, denn alle Nährstoffe sind in ausreichenden und ausgewogenen Mengen enthalten! Der vom Menschen bekannte Wunsch nach Abwechslung auf dem Speiseplan spielt für Katzen übrigens keine Rolle. Im Gegenteil: Die meisten sind sogar ausgesprochene Nahrungsspezialisten, die am liebsten jeden Tag ihre Leibspeise hätten. Ist Ihre Katze von klein an auf eine Futtersorte wie z. B. Trockenfutter geprägt, dann glaubt sie Ihnen vielleicht nicht einmal, daß es sich bei Rinderhack und Reis um etwas Eßbares handelt! Auch in dieser Hinsicht ist ein abrupter Futterwechsel nicht anzuraten; vermischen Sie das neue Futter für ein paar Tage mit dem bisherigen.

Allerdings müssen Sie bedenken, daß eine Futterumstellungen für eine Katze problematisch sein kann. Der Verdau-

ungstrakt muß sich erst langsam auf eine bisher unbekannte Futterzusammensetzung einstellen. Ein plötzlicher Wechsel kann zu Verdauungsstörungen führen, vor allem dann, wenn sich die Zusammensetzung der neuen Rationen stark von der bisherigen unterscheidet. Ein Beispiel: Frißt Ihre Katze schon über einen längeren Zeitraum eine eiweiß- und fettreiche Mischung aus Fleisch, Gemüse und Speiseöl mit einer geringen Menge an Kohlenhydraten, dann sollten Sie nicht von einem Tag auf den anderen auf ein kommerzielles Trockenfutter wechseln. Trockenfutter enthalten häufig einen höheren Getreide- sprich Kohlenhydratanteil, an den sich die Katze erst langsam gewöhnen muß. Gehen Sie in so einem Fall bitte folgendermaßen vor: mischen Sie das neue Trockenfutter über einen Zeitraum von mindestens drei bis vier Tagen in steigenden Anteilen unter die bisherige Ration, wobei Sie diese entsprechend reduzieren.

Haben Sie den Energiebedarf Ihrer Katze ermittelt und ein Rezept ausgewählt, dann viel Spaß beim Zubereiten! Bedenken Sie aber bitte, daß alle Komponenten einer Ration ihren ganz speziellen Zweck erfüllen und bestimmte Nährstoffe enthalten, die die Katze benötigt. Es darf also keine Zutat einfach gestrichen werden, da sonst die Ration nicht mehr ausgewogen ist und bei mittel- bis langfristiger Verwendung ein Mangel auftreten könnte. Besonders die empfohlenen Vitamin-Mineralstoff-Mischungen sind absolut unentbehrlich, auch wenn es Katzen geben sollte, die den Geschmack nicht besonders mögen. Versuchen Sie die unliebsame Komponente entweder gut zu verstecken (z. B. in einem Fleischstückchen) oder gleichmäßig in der Mischung zu verteilen, damit sie nicht mehr herausgeschmeckt wird. Einige Zutaten können aber auch gleichwertig ersetzt werden. Welche dies sind und durch welche Futtermittel sie

Futtermittel	**entspricht** Futtermittel	**entspricht** Futtermittel
100 g Reis, roh	85 g Nudeln, roh	400 g Kartoffeln, gek.
100 g Möhren	65 g Broccoli	130 g Kohlrabi
100 g Magerquark	140 g Joghurt (3,5 %)	85 g Hüttenkäse
100 g Kopffleisch	110 g Gulasch	230 g Hühnchenfleisch
100 g Hering	125 g Makrele	85 g Aal
100 g Rotbarsch	135 g Kabeljau/Dorsch	130 g Schellfisch

Welche Futtermittel können sinnvoll gegeneinander ausgetauscht werden?

ersetzt werden können, das zeigt Ihnen die Tabelle auf Seite 47.

Doch alle Mühe wird umsonst sein, wenn Sie zu viel nebenbei füttern. Die meisten Belohnungen, Snacks, Tischreste oder Lebensmittel wie Käse und Wurst enthalten viele Kalorien aber wenige Mineralstoffe und Vitamine. Deckt man also einen größeren Teil des täglichen Energiebedarfs über Leckereien, dann verdünnt man sozusagen die Nährstoffe des ausgewogenen Futters. Die Folge hiervon kann ein Nährstoffmangel sein. Legt man dagegen die Zwischendurchmahlzeiten regelmäßig oder in größeren Mengen zum normalen Futter dazu, dann wird die Katze über kurz oder lang übergewichtig. Beides soll natürlich vermieden werden. Also: „Extrawürste" darf es nur ab und zu in Maßen geben!

Tips zur Fütterungspraxis

• Im Gegensatz zum Jagdverhalten und der Beute von Hundeartigen fängt und frißt der ursprüngliche Jäger Katze mehrere kleine Beutetiere wie Mäuse und Vögel pro Tag, nimmt also mehrmals täglich kleinere Futtermengen auf. Sie sollten also zwei Mahlzeiten pro Tag anbieten. Erlaubt es Ihr täglicher Zeitablauf, können Sie auch häufiger füttern. Bei Katzen, die selber ihr Körpergewicht genau regulieren können und nicht aus Langeweile fressen, ist es auch möglich, Futter zur freien Aufnahme anzubieten. Dies funktioniert allerdings nur bei Verwendung von Trockenfutter, da feuchtes Futter zu schnell verdirbt. Ausnahmen hiervon stellen übergewichtige Tiere dar und solche, die bereits einmal Probleme mit Harnsteinen hatten (siehe auch Seiten 71 und 76). Auf jeden Fall sollten Sie Ihre Katze an möglichst feste Fütterungszeiten gewöhnen und auf Zwischendurchmahlzeiten verzichten. Belohnungen gibt es wirklich nur bei Lektionen zur Erziehung, Häppchen direkt vom Tisch sind tabu! So vermeiden Sie, daß Ihre Katze das Betteln anfängt. Wenn etwas vom eigenen Essen übrig bleibt, was in den Napf wandern soll, dann nur in gewissem zeitlichem und örtlichem Abstand zur eigenen Mahlzeit. Natürlich verbieten sich stark gewürzte und gesalzene Speisen.

• Katzen sind ausgesprochene Nahrungsspezialisten und können schnell auf eine bestimmte Futterart geprägt werden. Möchten Sie Abwechslung im Speiseplan Ihrer Katze, dann beginnen Sie möglichst schon im Welpenalter damit. Je länger nur eine Futterart oder sogar -sorte verwendet wird, umso schwieriger wird in der Regel eine

Viele Katzen mögen etwas abgestandenes Wasser lieber als frisches Leitungswasser.

Umstellung akzeptiert. Frißt Ihre Katze beispielsweise seit Jahren Trockenfutter, dann wird sie unter Umständen kein selbst zubereitetes Futter annehmen. Abgesehen davon darf ein Futterwechsel nie abrupt sondern nur langsam über einen Zeitraum von mehreren Tagen erfolgen, da sich der Verdauungsapparat erst auf eine neue Futterzusammensetzung einstellen muß (siehe auch Seiten 73).

• Geben Sie Futter nie direkt aus dem Kühlschrank und achten Sie darauf, daß es immer ausreichend aufgetaut ist, ansonsten kann dies eine Reizung des Magens zur Folge haben. Außerdem schmeckt zu kaltes Futter nicht so gut. Bei Katzen mit schlechtem Appetit ist es sogar besser, die Ration etwa auf Körpertemperatur zu erwärmen, z. B. in einem Wasserbad, da dadurch das Aroma freigesetzt wird.

Wohnungskatzen benötigen Katzengras, an dem sie ohne Strafe knabbern dürfen.

• Räumen Sie Ihrer Katze einen festen Futterplatz ein. Bei der Auswahl des Futterplatzes muß beachtet werden, daß Katzen gegenüber Streßbelastung sehr empfindlich sind. Er sollte sich an einer ruhigen Stelle befinden, an der nicht permanente Störungen durch Menschen oder andere Haustiere auftreten. Eine für Menschen wenig zugängliche Ecke in der Küche ist also auf jeden Fall dem Flur vorzuziehen. Andererseits muß die Katze ihre Näpfe jederzeit erreichen können, z. B. um Wasser aufzunehmen.

• Es sollten mindestens zwei Näpfe (1 x Futter, 1 x Wasser) zur Verfügung stehen. Suchen Sie sich stabile, hitzeunempfindliche und vor allem leicht zu reinigende Näpfe aus, am besten solche, die in die Spülmaschine gestellt werden können. Teilweise findet man lustige Gefäße mit allerlei Schnörkeln und schlecht zugänglichen Ecken und Winkeln, die Sie sich und Ihrer Katze ersparen sollten. Auch Kombinationen aus Wasser- und Futternapf sind ungünstig, da das Wasser schneller durch Futterstückchen verschmutzt und dann nicht gesondert gereinigt werden kann.

• Die Näpfe müssen gründlich und regelmäßig, am besten täglich, gereinigt werden. Futterreste können bei warmer Witterung oder in der geheizten Wohnung sehr schnell verderben oder durch Austrocknen unappetitlich werden. Obwohl Katzen lieber häufiger kleine Mengen an Futter aufnehmen, sollten Futterreste nach einer gewissen Zeit (ca. 1,5 bis 2 Stunden) entfernt und bei der nächsten Fütterung entsprechend weniger gegeben.

• Wasser muß jederzeit zur Verfügung stehen! Da Katzen wenig von stark gechlortem Leitungswasser halten, erneuern Sie das Wasser besser nicht allzu häufig. Es sollte sauber, aber ein klein wenig abgestanden sein. Sehr gut eignet sich übrigens auch bei Katzen gefiltertes Trinkwasser (Haushaltswasserfilter). Wenn Sie ein paar Tropfen Milch zur Verbesserung des Geschmacks dazu mischen (siehe hierzu Seite 38), dann muß selbstverständlich mindestens eine Reinigung des Napfes pro Tag erfolgen.

• Ob Fertigfutter oder selber hergestellte Rationen: Katzen brauchen für ihre Verdauung eine gewisse Menge an pflanzlichen Gerüststoffen. Selbst wenn diese in der Futtermischung enthalten sind, knabbern Katzen gerne an grünen Pflanzen. Dies geschieht teilweise auch zur Auslösung des Brechreizes, da Katzen ab und zu ihre beim Putzen geschluckten Haare loswerden müssen. Wohnungskatzen brauchen also im Gegensatz zu Freigängern ungiftige, schmackhafte Grünpflanzen in der Wohnung, an denen sie nagen können, ohne Ärger zu bekommen. Hier empfiehlt sich z. B. Weizen oder Hafer, den Sie in einem Topf ansäen (sogenanntes Katzengras).

Hygiene ist ein absolutes Muß! Futterreste können schnell verderben, der Futternapf muß daher regelmäßig gereinigt werden.

Fütterung der erwachsenen Katze

Bei Katzen mit Freigang müssen zusätzliche Futterquellen mit einkalkuliert werden!

Erwachsene Katzen haben im Vergleich zur trächtigen oder zur wachsenden Katze einen geringeren Bedarf an allen Nährstoffen, da sie keine besondere Leistung erbringen müssen. Daher bezeichnet man den Bedarf der erwachsenen Katze auch als „Erhaltungsbedarf". Um Ihrer Katze die richtige Futtermenge zuteilen zu können, müssen Sie zu-nächst ihren Energiebedarf ermitteln. Der Energiebedarf richtet sich – wie im Kapitel „Wieviel Futter braucht meine Katze?" beschrieben –, nach ihrem Körpergewicht, und zwar nach ihrem Idealgewicht, falls es vom tatsächlichen Gewicht abweicht. Stellen Sie also zunächst wie auf Seite 43 beschrieben das Normalgewicht Ihrer Katze fest und entnehmen Sie dann den entsprechenden Energiebedarf der Tabelle auf Seite 41. Natürlich gibt es auch bei Katzen – wie beim Menschen – individuelle Schwankungen im Energiebedarf. So kann man z. B. davon ausgehen, daß eine Katze mit Freigang einen höheren Energiebedarf hat als eine reine Wohnungskatze, da sie erheblich aktiver ist und daher mehr Kalorien für

Bewegung verbraucht. Andererseits haben die meisten Katzen mit Freigang noch zusätzliche Futterquellen. Hierzu gehören neben erlegten Beutetieren auch nicht selten Futternäpfe in der Nachbarschaft und gelegentlich auch mal leicht zugängliche Tischabfälle.

Daher gilt – gerade bei Katzen mit Freigang – für die Zuteilung der Futtermenge:
Die richtige Futtermenge erhält die Katze, wenn sie ihr Idealgewicht hat und hält, d. h. weder zu- noch abnimmt.

Unter den Fertigfutterarten sind sowohl Alleinfutter als auch Futter für erwachsene Katzen gut geeignet. Bei Verwendung von Fertigfutter ist keine Ergänzung mit Mineralstoffen und Vitaminen erforderlich. Wenn Sie selbst kochen, finden Sie im Rezeptteil einige Rezeptvorschläge. Achten Sie hierbei besonders darauf, daß die Ration entsprechend der Dosierungsempfehlung mit einem vitaminierten Mineralfutter ergänzt wird. Zwar sind erwachsene Katzen recht tolerant gegenüber Nährstoffehlversorgungen, aber nur, wenn diese über die Zeit wieder ausgeglichen werden. Langfristige Mangelsituationen, wie sie sich aus selbstgekochter Nahrung ohne Zusatz eines Mineralfutters ergeben, kann jedoch auch eine gesunde Katze auf Dauer nicht ausgleichen.

Tragende und säugende Katzen

Die Zuchtkatze hat während der Trächtigkeit und der Zeit des Säugens im Vergleich zur ausgewachsenen Katze im Erhaltungsstoffwechsel einen deutlich veränderten Bedarf hinsichtlich ihrer Nährstoffversorgung. Um eine optimale Entwicklung der Welpen bei Gesunderhaltung des Muttertieres zu gewährleisten, sollten Sie neben einer Betreuung durch den Tierarzt und guter Haltungsbedingungen natürlich auch auf eine Ernährung achten, die den Ansprüchen dieser besonderen Phase gerecht wird.

Die trächtige Kätzin

Das Größenwachstum der Embryonen setzt etwa ab der zweiten Trächtigkeitshälfte ein. Für das Muttertier bedeutet dies, daß ihr Energiebedarf ab diesem Zeitpunkt merklich ansteigt und sie daher mehr Futter aufnehmen muß (Energiebedarf siehe Tabelle Seite 55). Aber auch vorher sollte sie keinesfalls zu knapp gefüttert werden. Besonders dann, wenn ein mittelgroßer bis großer Wurf erwartet wird (drei oder mehr Welpen), sollte die

Kätzin während der gesamten Trächtigkeit so gefüttert werden, daß sie für die Zeit des Säugens ein kleines Fettdepot anlegen kann. Wiegen Sie Ihre Katze zu Beginn der Trächtigkeit, damit Sie ihre Gewichtsentwicklung überprüfen können. Die Gewichtszunahme während der Trächtigkeit darf zwischen 25 und 30 % des Normalgewichts Ihrer Katze betragen. Es steigt aber nicht nur der Bedarf an Energie, sondern auch der an Eiweiß, Mineralstoffen und Vitaminen.

Bei der Fütterung von Alleinfutter wird dieser erhöhte Bedarf durch die Aufnahme einer größeren Futtermenge ausreichend gedeckt. Nach der Geburt, in der Zeit des Säugens, ist Feuchtfutter aufgrund des höheren Eiweiß- und Energiegehaltes sowie seines geringeren Kohlenhydratanteils dem Trockenfutter vorzuziehen. Daher sollten Sie rechtzeitig vor der Geburt die Fütterung langsam umstellen. Mischen Sie in der letzten Woche zuvor steigende Anteile des Dosenfutters unter das Trockenfutter, damit sich der Verdauungstrakt der Katze darauf einstellen kann. Verwenden Sie jedoch kein Alleinfutter, sondern kochen selbst für Ihre Katze, dann müssen Sie beachten, daß die tägliche Menge der Vitamin-Mineral-

Vergleich des Bedarfs (in %) einer tragenden Kätzin in der zweiten Hälfte der Trächtigkeit mit dem Erhaltungsbedarf (fette Linie)

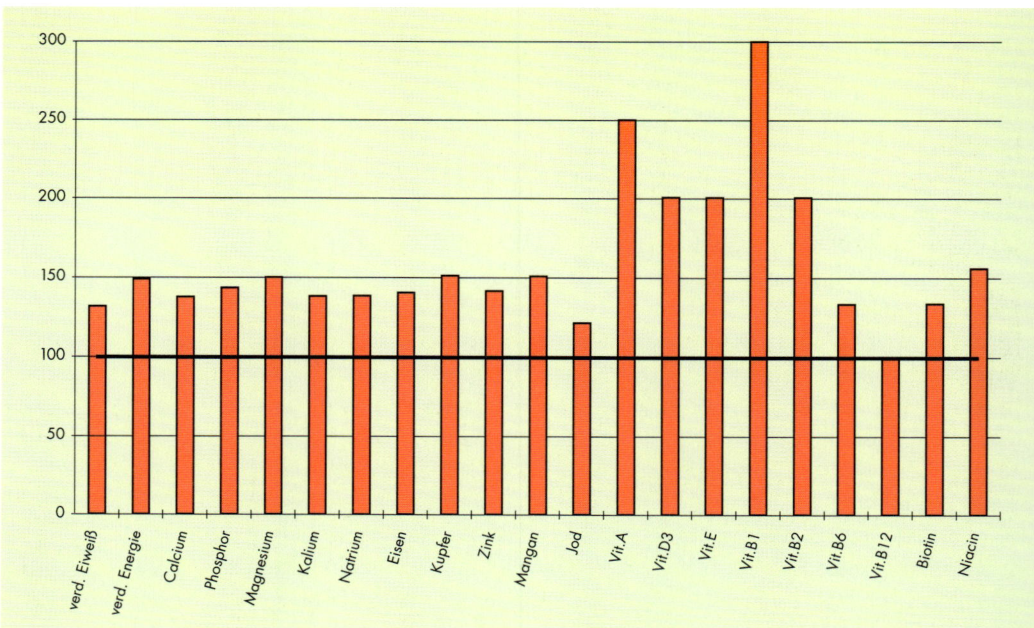

stoff-mischung erhöht oder ein konzentrierteres Produkt verwendet werden muß. Bei den empfohlenen Rezepten wurde diesem Umstand Rechnung getragen.

Verteilen Sie die tägliche Futterration in der Hochträchtigkeit, wenn der Bauchraum durch die wachsenden Früchten eingeschränkt ist, auf etwa drei Mahlzeiten täglich. Am Tag der Geburt oder eventuell schon einen Tag vorher, fressen die meisten Katzen nicht mehr. Dies ist hinsichtlich des Geburtsablaufes sinnvoll und kein Grund zur Besorgnis! Im Gegenteil, es kann Ihnen auch einen Hinweis darauf

Gewicht der Mutter	Energiebedarf (umsetzbare Energie ME)	
	MJ	kcal
3 kg	1,2	287
4 kg	1,6	383
5 kg	2,0	478
6 kg	2,4	574

Energiebedarf der tragenden Katze in der zweiten Trächtigkeitshälfte

geben, daß die Geburt kurz bevor steht. Verweigert sie länger ihr Futter, suchen Sie Ihren Tierarzt auf. Die Ration für eine Katze während der zweiten Hälfte der Trächtigkeit könnte folgendermaßen aussehen:

Damit der Nachwuchs gesund und munter wird, benötigen werdende Katzenmamas qualitativ besonders hochwertiges Futter.

Für eine 4 kg schwere Katze ab der zweiten Hälfte der Trächtigkeit (Tagesmenge):
Rinderhack, gebraten: 150 g (60 %)
Reis, gekocht: 50 g (20 %)
Vollei, gekocht: 30 g (12 %)
Rinderleber: 15 g (6 %)
Speiseöl (zum Braten): 5 g (2 %)
gekochte Erbsen nach Geschmack
Vitakalk®, Fa. Marienfelde: 0,3 g/ 0,5 kg Körpergewicht

für zwischendurch: gekochter Schinken 25 g (1/2 Scheibe)
Energiegehalt:
0,64 MJ bzw. 153 kcal ME/100 g

Die hier empfohlene Futtermischung für hochtragende Katzen zeichnet sich durch einen hohen Gehalt an hochwertigem Eiweiß und guter Verdaulichkeit der Komponenten aus. Die Mineralstoff- und Vitaminversorgung wurde den veränderten Bedürfnissen angepaßt. Selbstverständlich können für tragende Katzen auch andere Rationen zubereitet werden. Passende Rezepte hierfür entnehmen Sie bitte den Hinweisen unter jedem Rezept ab Seite 79.

Die säugende Kätzin

Wenn es endlich so weit ist und die Welpen auf der Welt sind, dann beginnt für die Katze eine besonders

Vergleich des Bedarfs (in %) einer säugenden Kätzin mit dem Erhaltungsbedarf (fette Linie)

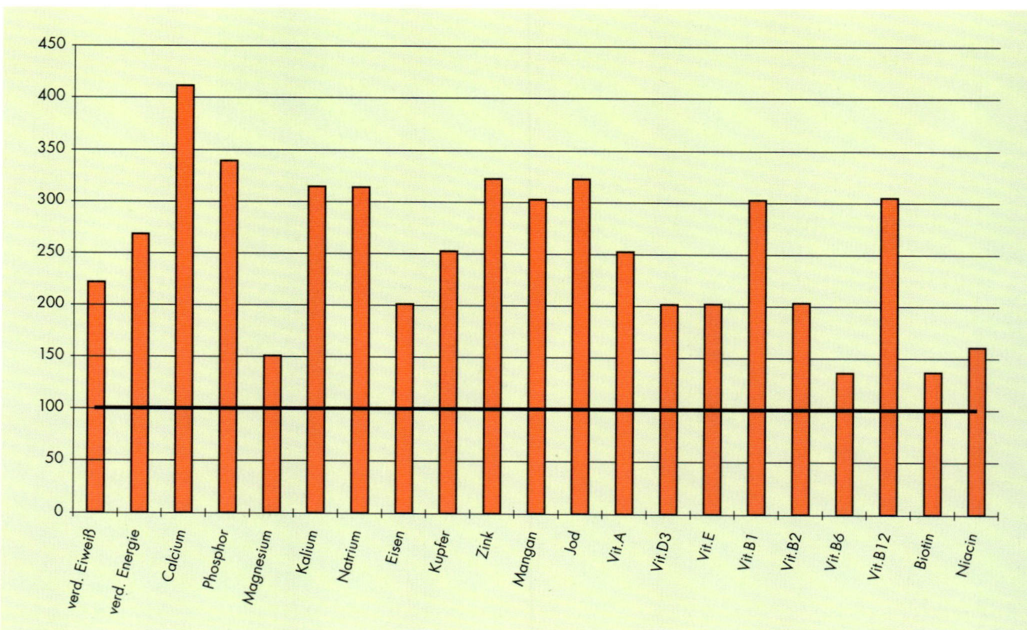

Gewicht der Mutter	Energiebedarf (umsetzbare Energie ME)					
	1–3 Welpen		3–4 Welpen		6 und mehr Welpen	
	MJ	kcal	MJ	kcal	MJ	kcal
3 kg	1,25	299	2,17	519	2,53	605
4 kg	1,67	400	2,89	691	3,37	806
5 kg	2,08	498	3,62	866	4,22	1010
6 kg	2,50	598	4,34	1038	5,06	1211

Energiebedarf der säugenden Katze (zweite bis vierte Laktationswoche) in Abhängigkeit von der Welpenzahl

anstrengende Zeit. Sie ist nicht nur für die Ernährung ihrer Nachkommen, sondern auch für deren Erziehung verantwortlich. Auf einen Wurf von sechs oder gar acht kleinen Katzen aufzupassen, die ihre Welt erkunden wollen, dürfte wohl schwieriger sein, als einen Sack Flöhe zu hüten. In Relation zur Körpermasse kann man die Milchleistung der säugenden Katze mit der einer „Hochleistungskuh" vergleichen. Das bedeutet, daß der Energiebedarf der säugenden Katze in Abhängigkeit von der Anzahl der Welpen extrem ansteigt (siehe Tabelle). Um einen zu großen Verlust an Körpermasse zu vermeiden, muß die Kätzin energiereiches Futter bekommen, denn besonders in der Zeit zwischen der 2. und 4. Woche kann der Energiebedarf ca. das dreifache des Erhaltungsbedarfs betragen! Auch der Bedarf an Mineralstoffen und Vitaminen steigt deutlich an.

Wenn die Kleinen dann erst einmal laufen und spielen können und so richtig aktiv werden (und Sie Ihren Fernseher vorerst nicht mehr brauchen), ist der tägliche Bedarf an Muttermilch immens hoch. So produziert beispielsweise eine 4 kg schwere Katze bei einem mittelgroßen Wurf täglich etwa 230 ml Milch, bei großen Würfen sogar 300 ml.

Welches Futter braucht die säugende Katze?

Bei der Verwendung von Alleinfutter für Katzen sollten Sie nun Dosenfutter bevorzugen, da der Gehalt an Kohlenhydraten in solchen Produkten niedrig ist. Wie bereits erwähnt, ist die Verdauungskapazität des Fleischfressers Katze für Stärke und

Zucker nicht sehr hoch. Frißt die Katze jetzt das Mehrfache der normalen Futtermenge, kann es bei hohen Kohlenhydratkonzentrationen im Futter (wie im Trockenfutter) zu Verdauungsstörungen kommen. Die Folge ist häufig Durchfall, der durch seinen säuerlichen Geruch auffällt. Verwenden Sie also ein Futter, das energiedicht ist und einen hohen Gehalt an hochwertigem Eiweiß und einen geringen an Stärke aufweist. Empfehlenswert und sehr schmackhaft ist beispielsweise folgendes Rezept:

Eine säugende Katze mit mehr als drei Welpen leistet vergleichbares wie eine Hochleistungskuh!

Für eine 4 kg schwere Katze mit drei bis vier Welpen (Tagesmenge):

Hühnchenbrust: 250 g (62,5%)
Hüttenkäse: 60 g (15 %)
Kartoffeln, gekocht: 60 g (15 %)
Speiseöl (zum Braten: 15 g (3,8 %)
Mais aus der Dose: 5 g (3,8 %)
Mineralfutter Vitakalk®, Fa. Marienfelde: 0,9 g/0,5 kg Körpergewicht

für zwischendurch:gekochter Schinken 25 g (1/2 Scheibe)
Energiegehalt:
0,69 MJ bzw. 165 kcal ME/100 g

Säugende Katzen können auch andere Rationen bekommen. Diesbezügliche Angaben mit entsprechender Dosierung des Mineralfutters entnehmen Sie bitte den Hinweisen unter den Rezepten ab Seite 79.

Die richtige Fütterungstechnik:

Die säugende Katze darf so viel fressen wie sie mag! Futterreste dürfen allerdings nicht zu lange im Napf bleiben, da sie sonst verderben können. Bieten sie ihr also mehrere kleinere Mahlzeiten pro Tag an und werfen Sie stehengelassenes Futter weg. Trinkwasser muß selbstverständlich jederzeit zur Verfügung stehen, da auch der Flüssigkeitsbedarf durch die Milchproduktion deutlich ansteigt.

Werden die Welpen mit etwa sechs bis acht Wochen abgesetzt, dann sinkt der Energiebedarf der Kätzin deutlich ab. Hat sie allerdings während der Zeit des Säugens abgenommen, dann darf sie bis zum Erreichen ihres Normalgewichts noch etwas mehr Futter erhalten

Fütterung der jungen Katze

Neugeborene Katzenwelpen müssen unbedingt gleich nach der Geburt Muttermilch aufnehmen, da diese sogenannte Biestmilch (wissenschaftliche Bezeichnung: Kolostrum) sehr reich an Antikörpern ist, die für die Widerstandskraft der Jungen sehr wichtig sind. Außerdem haben die Neugeborenen kaum eigene Energiereserven in Form von Fett oder Zuckern und sind deshalb auf die schnelle Zufuhr von Kalorien über die Muttermilch angewiesen. Wenn also im Wurf sehr schwache Kätzchen sind, die nicht innerhalb von einer Stunde nach der Geburt die Zitzen der Mutter gefunden haben und trinken, sollte man sie ruhig an eine Zitze anlegen und ihnen dadurch die Aufnahme des extrem gehaltvollen Kolostrums ermöglichen.

Während der ersten vier Lebenswochen benötigen die Jungen kein zusätzliches Futter; die Muttermilch stellt in diesem Zeitraum die ideale Versorgung für die Welpen dar.

Beifüttern der Säuglinge

Bereits ab der vierten Lebenswoche kann man die Kleinen an die Aufnahme zunächst breiförmiger und dann fester Nahrung gewöhnen. Hierbei geht man so vor, daß die Welpen entweder kurz in das Futter gestupst werden oder etwas Futter so ans Maul gestrichen bekommen, daß sie es abschlecken. Dann kommen die Kätzchen meist sehr schnell auf den Geschmack und nehmen das Futter bald selbständig auf. Bei den ersten Versuchen muß man aufpassen, daß den Welpen kein Futterbrei in die Nase gerät oder die Nasenlöcher verklebt. Als Beifutter geeignet sind alle Futter, die in der Tabelle auf Seite 63, bzw. unter dem jeweiligen Rezept als geeignet für Welpen bezeichnet werden. Allerdings sollte man alles gründlich vermengen und zerkleinern und mit etwas Milch zu einem Brei (nicht suppig!) anrühren und etwa auf Körpertemperatur anwärmen. Das gleiche gilt, wenn man Fertigfutter (natürlich nur Dosenfutter) verwendet. Das Beifutter sollte man den Welpen drei- bis viermal täglich anbieten und sie fressen lassen, soviel sie wollen. Nach etwa zwei Stunden sollte das Futter wieder weggenommen und den Kätzchen dann später frisches angeboten werden. Wichtig ist, daß ab dem

Beginn der Beifütterung den Welpen auch Trinkwasser (keine Milch!) zur Verfügung gestellt werden muß!

Fütterung der abgesetzten Welpen

Sind die Kleinen erst einmal auf den Geschmack gekommen, liegt es an Ihnen, die optimale Versorgung zu garantieren.

Meistens setzt die Katzenmutter ihre Jungen ab, wenn sie sechs bis acht Wochen alt sind, früher sollte man sie ohne zwingende Gründe keinesfalls abstillen. Inzwischen haben die Jungen sich an die Aufnahme fester Nahrung gewöhnt und decken nun so vollständig ihren Nährstoffbedarf. Man kann jetzt langsam dazu übergehen, ihnen das Futter immer weniger zu zerkleinern. Auch das Anmischen mit Milch ist nun überflüssig, im Gegenteil: Die Verdauungskapazität für Milchzucker sinkt nach dem Absetzen rapide ab, so daß das Zumischen von Milch Durchfall auslösen kann. Fürs Selberkochen sind alle entsprechend gekennzeichneten Rezepte geeignet. Wichtig ist, daß alle stärkehaltigen Zutaten gut durchgekocht sind, Nudeln z. B. keinesfalls „al dente", sondern eher weich bis fast „matschig".

Da die Kätzchen sich nun in ihrer Hauptwachstumsphase befinden, ist es besonders wichtig, daß sie genügend Mineralstoffe und Vitamine aufnehmen. Ein Calciummangel würde z. B. sehr schnell zu Störungen im Knochenwachstum führen. Daher muß sichergestellt werden, daß die Welpen auch die notwendige Menge an Mineralfutter fressen (Dosierung siehe jeweiliges Rezept). Aber auch hier gilt wieder: Ein Zuviel kann genauso schädlich sein wie ein Zuwenig. In der angegebenen Dosierung ist bereits ein Sicherheitszuschlag enthalten, so daß keine Extragaben an Futterkalk oder ähnlichen Präparaten erforderlich sind. Wenn Sie Fertigfutter verwenden, gilt dasselbe: im Fertigfutter ist alles enthalten, was die wachsenden Kätzchen benötigen. Ergänzungen sind unnötig! Eine häufige Fehlerquelle bei der Verwendung von Fertigfutter ist neben dem Zufüttern von Mineralstoff-

und/oder Vitaminpräparaten auch das Zufüttern von Einzelzutaten wie z. B. Quark, Fleisch, Wurst, Käse, Kondensmilch, Joghurt usw. Dies führt zu einer „Verdünnung“ des Mineralstoffgehaltes im Futter! Wachsende Tiere sind dafür besonders empfindlich!

Damit Sie eine Orientierung haben, welche Futtermenge die wachsenden Kätzchen benötigen, ist in der folgenden Tabelle aufgeführt, welches Körpergewicht die Welpen in welchem Alter etwa erreicht haben und wie hoch ihr täglicher Energiebedarf (in Megajoule = MJ bzw. kcal umsetzbarer Energie = ME) zu diesem Zeitpunkt etwa ist. Dabei ist zu beachten, daß Kater meistens etwas schneller wachsen und etwas schwerer werden als weibliche Katzen. Daher handelt es sich lediglich um Richtwerte, mit deren Hilfe Sie die Futtermenge, die Sie zubereiten müssen, nach der Formel auf Seite 42 berechnen können. Dabei muß natürlich noch die Anzahl der Welpen berücksichtigt werden. Prinzipiell können die Kätzchen jedoch fressen, soviel sie wollen – solange sie nicht zu schwer werden. Wenn Sie verderbliches Futter verwenden, fangen Sie mit vier bis fünf Mahlzeiten pro Tag an und reduzieren Sie dann bis zu einem Alter von etwa sechs Monaten langsam auf zwei bis drei Mahlzeiten pro Tag. Trockenfutter kann den heranwachsenden

Alter in Wochen	Körpergewicht in kg	umsetzbare Energie (ME) in MJ	in kcal
5	0,5	0,48	115
10	[illegible]	0,77	184
20	2	1,06	254
30	3	1,15	275
40	4	1,25	299
50	5	1,44	344

Empfehlungen für die tägliche Energieversorgung von wachsenden Katzen

Kätzchen ständig angeboten werden, solange sie nicht zu schwer davon werden. Sollte dies geschehen, muß man auch die Trockenfutterportionen begrenzen!

Mutterlose Aufzucht von Katzenwelpen

Unter unglücklichen Umständen (Tod oder schwere Krankheit des Muttertieres) kann es passieren, daß man gezwungen ist, ein oder mehrere neugeborene Kätzchen selbst aufzuziehen. Bevor man sich dieser Aufgabe annimmt, sollte man sich bewußt werden, daß es sich dabei um einen „Full-Time-Job“ handelt, da die Kätzchen während der ersten drei Wochen eine Rund-um-die-Uhr-Betreuung brauchen. Die Überlebenswahrscheinlichkeit für die Waisenkätzchen steigt, wenn sie wenigstens noch Gelegenheit hatten Kolostrum aufzunehmen und wenn sich eine „Ammenkatze" findet, die die Jungen zwar nicht säugt, aber zumindest die für eine funktionierende Verdauung und Entwicklung notwendige Pflege- und Putzarbeit übernimmt. Zur Not geht es aber auch ohne, wenn Sie die folgende Anleitung genau beachten:

Milchersatz

Das folgende Rezept für einen Muttermilchersatz sollte wirklich nur bei Saugwelpen zum Einsatz kommen. Die Gabe von Kuhmilch ist nicht anzuraten, da Kuhmilch und Katzenmilch sehr unterschiedlich zusammengesetzt sind. So erhalten Katzenbabies durch Kuhmilch nicht alle Nährstoffe, die sie benötigen und vor allem nicht ausreichend lebensnotwendige Energie. Rohe, d. h. unbehandelte Milch kann sogar schwerste Verdauungsstörungen zur Folge haben und darf daher keinesfalls zum Einsatz kommen. Neben der Möglichkeit, selber einen sogenannten Milchaustauscher herzustellen, kann man selbstverständlich auch auf kommerzielle Produkte zurückgreifen. Es handelt sich hierbei in der Regel um Pulver, die mit Wasser (Angaben des Herstellers zum Mischungsverhältnis beachten!) angemischt werden müssen.

Regelmäßiges Wiegen ist die sicherste Erfolgskontrolle bei der Aufzucht von Katzenwelpen.

Zubereitung

In der genannten Zusammensetzung werden die Nährstoffgehalte der Muttermilch am besten imitiert. Alle Zutaten werden miteinander vermischt und müssen fein pürriert werden, damit sie durch die Öffnung der Saugflasche passen.

Man kann auch eine größere Menge des Milchersatzes herstellen und portionsweise einfrieren, dies reduziert den Arbeitsaufwand. Bedenken Sie bitte, daß sich Flüssigkeit beim Einfrieren ausdehnt; lassen Sie also etwas Platz im Gefäß. Natürlich muß der Milchersatz vor dem Füttern auf Körpertemperatur erwärmt werden.

Fütterungstechnik

Neugeborene Welpen müssen bis zu einem Alter von zwei Wochen mindestens achtmal täglich, gleichmäßig über den Tag verteilt, gefüttert werden. Wenn die Welpen kräftig genug sind und ausreichend trinken, kann man sich eine Nachtruhe bis zu acht Stunden leisten. Geschwächte Welpen müssen aber auch nachts versorgt werden. Überprüfen Sie die Entwicklung in der ersten Woche durch tägliches Wiegen (Protokoll führen), spätestens nach 24 Stunden muß eine Gewichtszunahme erfolgen. Ist dies nicht der Fall, sind die Überlebensaussichten für den betreffenden Welpen sehr schlecht.

Ab der dritten Lebenswoche kann die Zahl der Mahlzeiten dann auf mindestens vier pro Tag reduziert werden. Der Milchersatz muß im Wasserbad auf etwa 37 °C erwärmt werden. Zur Fütterung eignet sich am besten eine kleine Flasche mit Sauger. Dieser muß entsprechend der Größe der Welpen ausgewählt werden und eine ausreichend große Öffnung haben, damit die Kleinen beim Saugen nicht zu schnell ermüden. Bis man eine geeignete Flasche besorgt hat, kann man sich übergangsweise mit einer Spritze (10 bis 20 ml) behelfen. Langfristig ist eine Spritze jedoch nicht die ideale Lösung, da dann

Zutaten	Menge	Anteil in %
Magerquark	75 g	15
Rinderhack, fettarm	40 g	8
Eigelb	1 Eigelb	4
Magermilch	340 ml	68,2
Laktose = Milchzucker	5 g	0,8
Speiseöl	15 g	3
Vitakalk®, Fa. Marienfelde	5 g	1

Milchersatz für Saugwelpen

der Saugtrieb der Welpen nicht befriedigt wird.

Wenn möglich, läßt man die Jungen in normaler Haltung sitzen oder auf dem Bauch liegen und nimmt sie nicht hoch. Zur Not können Sie sie aber auch in Bauchlage in eine Hand nehmen und mit der anderen Hand die Saugflasche halten.

Unterschätzen Sie nicht die Milchmenge, die für ein gesundes Wachstum notwendig ist! Pro Tag sollen etwa 25 % des Körpergewichtes an Milchersatz aufgenommen werden. Für einen 120 g schweren Welpen sind dies 30 g pro Tag, verteilt auf acht Mahlzeiten, d. h. 3 bis 4 g (entsprechend etwa 3 bis 4 ml) pro Mahlzeit! Wenn die Kätzchen an Gewicht zunehmen, muß die Menge natürlich entsprechend erhöht werden. Wird kein Futter aufgenommen, dann muß sofort der Tierarzt zu Rate gezogen werden.

Zusätzlich nötige Maßnahmen

Eine Spritze ist langfristig nicht die geeignete Methode zur Fütterung, da der Saugtrieb der Kleinen so nicht befriedigt wird.

Wie oben schon erwähnt, ist ohne einige wichtige begleitende Maßnahmen Ihr Unterfangen zum Scheitern verurteilt. Die neugeborenen Kätzchen haben überhaupt keine Fähigkeit zur Wärmeregulation. Daher ist unbedingt von Anfang an eine ausreichende Temperatur im Nest sicherzustellen. Hierzu verwendet man zum Beispiel eine Heizdecke, eine Wärmelampe oder aber eine Wärmflasche, die man mit einem Handtuch umwickelt. Im Nest sollte es etwa 30 °C warm sein. Die Wärmflasche muß deswegen auch zu jeder Mahlzeit erneuert werden. Normalerweise ist es die Aufgabe der Katzenmama, durch Belecken die Abgabe von Kot und Harn bei den Welpen anzuregen. Sie müssen diesen Reiz simulieren, indem Sie den Bauch und die Analgegend vor und nach jeder Fütterung mit dem Finger oder einem weichen Tuch – eventuell mit etwas Babyöl darauf – abreiben. Setzt ein Welpe länger als 24 Stunden keinen Kot ab, dann suchen Sie bitte umgehend den Tierarzt auf.

Fütterung der alten Katze

Ab einem Alter von etwa 10 bis 12 Jahren beginnt bei Katzen der Alterungsprozeß. Sie bemerken dies an ihrem Verhalten, eventuell bemerken Sie ein Nachlassen der Hör- und Sehfähigkeit sowie des Geruchs- und Geschmackssinnes. Aber auch an der Stoffwechselleistung der Katze verändert sich etwas. Besonders häufig sind bei Alterserkrankungen die Ausscheidungsorgane Leber und Niere, aber auch das Herz- und Kreislaufsystem betroffen. Durch eine gezielte Fütterung kann man versuchen, diese Organe zu entlasten.

Was muß bei der Fütterung berücksichtigt werden?

Bei übergewichtigen Katzen sollte man versuchen, das Gewicht zu reduzieren, um ihre Kondition zu verbessern. Kontrollieren Sie also regelmäßig das Gewicht wie auf Seite 43 beschrieben und versuchen Sie, überflüssige Pfunde abzubauen. Aber Vorsicht: Allein ein dicker Bauch bedeutet noch nicht, daß Ihre Katze übergewichtig ist. Bei manchen Erkrankungen ist ein aufgetriebener, dicker Bauch ein Krankheitssymptom! Nur wenn die Katze auch die typischen Fettpolster auf den Rippen, am Unterbauch (sogenannte Fettwamme = Fetteinlagerung außerhalb der Bauchhöhle/in der Unterhaut) und auf den Hüften hat, muß sie abspecken. Ist dagegen lediglich der Leib aufgetrieben, die Katze aber sonst eher knochig bei stumpfem Fell und allgemeiner Mattigkeit, sollten Sie umgehend Ihren Tierarzt aufsuchen!

Besonders bei der alten Katze sind zusätzliche Vitamin- oder Mineralstoffpräparate eher belastend als positiv! Bei der Zubereitung der Rezepte darf kein Salz verwendet werden. Die hier vorgeschlagenen Rezepte enthalten alle notwendigen Nährstoffe in ausreichender Menge.

Wenn Ihre Katze keine Probleme mit Übergewicht hat, sondern z. B. aufgrund von Beeinträchtigungen im Geruchs- und Geschmackssinn oder von Zahn- und Zahnfleischproblemen zu einem schlechten Fresser geworden ist und mager zu werden droht, sollten Sie ihr natürlich besonders ihre „Lieblingsgerichte“ zubereiten. Die Mahlzeiten zu zerkleinern, gutes Zureden und beim Fressen Gesellschaft zu leisten ist dann ebenso wichtig wie eine erhöhte Zahl der Mahlzeiten pro Tag (mindestens dreimal täglich füttern). Lesen Sie dazu auch das Kapitel Untergewicht/Appetitlosigkeit (siehe Seite 73). Aufgrund möglicherweise beginnender Störung der Ausscheidungsfunktionen von Leber und Niere ist es wichtig, Überschüsse an Phosphor, Kupfer und Vitamin A zu vermeiden und qualitativ hochwertige Komponenten, vor allem hochwertige Eiweißquellen, zu verwenden. Viele alte Katzen entwickeln Herzprobleme, daher sollte wie beim alten Menschen auf eine salzarme Ernährung geachtet werden.

Was Sie nicht verwenden sollten

Zutaten mit einem hohen Anteil an Bindegewebe sollten Sie meiden, ebenso Leber (hoher Gehalt an Vitamin A und Kupfer) und zuckerreiche Zutaten oder Snacks wie z. B. Schokolade.

Fütterung bei Problemfällen

Was tun bei Verstopfung?

Bei Katzen, die ausschließlich in der Wohnung gehalten werden, ist das Problem Verstopfung bzw. zu fester Kot keine Seltenheit. Gründe sind Bewegungsmangel, teilweise herausgezögerte Besuche der Katzentoilette aber auch zu geringe Mengen an Ballaststoffen in der Nahrung bzw. fehlendes oder unschmackhaftes Katzengras. Natürlich können auch Freigänger aus anderen Ursachen akut an Verstopfung erkranken. Bestimmte Erkrankungen, aber auch die Aufnahme von Knochen oder Knorpel, Vergiftungen oder Fremdkörper können der Grund sein.

Da eine akute Verstopfung unter Umständen lebensbedrohlich werden kann (Darmverschluß), sollte man sicherheitshalber den Tierarzt aufsuchen. Nach einer eingehenden Untersuchung wird er eine Diagnose stellen und gegebenenfalls mit Medikamenten, Einläufen, Gleitmitteln (Paraffinöl) oder ähnlichem die Verstopfung lösen können. Handelt es sich allerdings um ein bekanntes, chronisches Problem der Wohnungskatze, dann kann man durch die Fütterung ein wenig regulierend auf die Darmfunktion einwirken. Hier gibt es zwei verschiedene Ansätze, nämlich die Zulage von Ballaststoffen und die Gabe von Milchzucker oder roher Kartoffelstärke (Speisestärke). Ballaststoffe erhöhen das Volumen des Darminhalts und wirken so anregend auf die Eigenbewegung des Darms. Aber Achtung: Wundern Sie sich nicht über größere Kotmengen, das ist bei hohem Faseranteil in der Ration ganz normal. Geeignete Futtermittel mit hohem Fasergehalt sind Weizenkleie oder auch Futterzellulose (fragen Sie Ihren Tierarzt oder Apotheker, ob er Ihnen etwas bestellen kann). Beginnen Sie immer mit der Gabe kleiner Mengen (einen halben Teelöffel pro Tag) und steigern Sie nach Wirkung über mehrere Tage langsam auf maximal zwei gehäufte Eßlöffel. Katzen reagieren auf die Faserzulagen recht unterschiedlich. Sie müssen daher erst nach der individuellen Dosierung forschen. Eindeutig sicherer ist der Erfolg bei der Gabe von Milchzucker (Reformhaus): Sie können bei jeder Katze damit sogar einen Durchfall auslösen, nur auf die Dosierung kommt es an! (siehe hierzu Seite 12). Beginnen Sie auch hier zunächst mit kleinen Mengen, es sei denn, es ist sofortiger Erfolg von Nöten. Steigern Sie langsam bis zu der Menge, die einen weichen, aber nicht dünnen Kot bei der Katze hervorruft (ca. 1 bis 1,5 g Michzucker /kg Körpergewicht der Katze). Eventuell ist es bei solchen Katzen ausreichend und in diesem Fall auch erlaubt, wenn Sie ihnen Milch als Getränk anbieten. Schonender als die Gabe von Milchzucker ist der Einsatz roher Kartoffelstärke in einer Menge bis maximal 8 g/kg Körpergewicht (auch hier mit einer kleinen Menge beginnen und die individuelle Menge austesten).

Was tun bei Durchfall?

Durchfall kann viele verschiedene Gründe haben! Sehr häufig sind Fehler in der Futterauswahl oder der Fütterungstechnik Auslöser für diese Art der Verdauungsstörung. Im Kapitel „NoNo's" wurden bereits einige solcher Fehler beschrieben:

Durchfall kann unterschiedliche Ursachen haben. In leichten Fällen hilft ein Futterentzug für ein bis zwei Tage; tritt keine Besserung ein, ist der Gang zum Tierarzt unumgänglich.

abrupte Futterwechsel, zu viel oder unaufgeschlossene Kohlenhydrate, zu viel Milch oder auch Futter direkt aus dem Kühlschrank. Wenn Sie sich an die Tips zur Fütterungstechnik halten und ausgewogenes Futter verwenden, sind schon viele Risikofaktoren ausgeschaltet. Natürlich kann es trotzdem zu Infektionen oder zu einer einfachen Magenverstimmung kommen. Auf jeden Fall ist Durchfall ein ernstzunehmendes Problem, vor allem wenn er länger anhält oder in kürzeren Abständen auftritt. Immerhin kann der Körper eine größere Menge Feuchtigkeit und auch Mineralstoffe verlieren. Besonders wenn die Katze gleichzeitig auch erbricht, kann sie schnell austrocknen, was den Kreislauf stark beeinträchtigt und sogar zum Tod führen kann. Bei starkem oder länger andauerndem Durchfall sowie Fieber sollten Sie daher auf jeden Fall mit Ihrer Katze zum Tierarzt gehen, denn oft hilft nur eine gezielte Behandlung evtl. mit Infusionenzum Ausgleich des Flüssigkeitshaushaltes. In leichteren Fällen können Sie selber unterstützend eingreifen. Oberste Regel bei Durchfall ist der vollständige (!) Futterentzug über 24 bis 48 Stunden. Keine Angst: Ihrer Katze wird es so schnell an

Fressen von Gras erleichtert das Erbrechen verschluckter Haare – ein ganz normaler Vorgang und kein Grund zur Besorgnis.

Schonkost nach Erbrechen und Durchfall für eine 4 kg schwere Katze (in Klammern Angaben in %):

Hühnchenfleisch	120 g	(70 %)
Hüttenkäse	40 g	(25 %)
Reis (Rohgewicht)	10 g	(5 %)

Energiegehalt: 0,56 MJ bzw. 134 kcal/100 g

nichts fehlen. Im Gegenteil: Sie tun ihr absolut keinen Gefallen, wenn Sie auf ihr Betteln eingehen. Futterentzug heißt also tatsächlich *gar nichts!* Bei Durchfall ist häufig die normale Keimflora im Darm gestört und unerwünschte Bakterien haben sich angesiedelt. Wird immer wieder Nahrung aufgenommen, kann keine Beruhigung und Normalisierung im Darm eintreten.

Trinkwasser muß natürlich jederzeit zur Verfügung stehen. Die Anwendung guter alter Hausmittel wie Schwarzer Tee – auch verdünnt – ist bei der Katze nicht anzuraten. Der Geschmack ist für die meisten Katzen eher abstoßend und sie trinken daher zu wenig. Nach ein bis zwei Tagen ohne Futter muß langsam wieder angefüttert werden, d. h. man gibt am ersten Tag ein Drittel der normalen Tagesration in mehreren kleinen Portionen, am zweiten Tag zwei Drittel und frühestens am dritten Tag wieder die gesamte Ration. Verwenden Sie hierbei eine Schonkost aus magerem Fleisch (Hühnchenbrust, Rinderhack, Schellfisch o.ä.) und Reis, der vor dem Kochen gut gewaschen werden muß. Ein wenig Hüttenkäse oder Magerjoghurt mit lebenden Kulturen hilft, die Darmflora wieder aufzubauen. Ein Beispielrezept für eine solche Schonkost zeigt der Kasten.

Was tun bei Erbrechen?

Erbrechen wird bei Katzen häufiger beobachtet und muß nicht gleich ein Anlaß zur Sorge sein. So ist das gelegentliche Hervorwürgen von beim Putzen abgeschluckten Haaren ganz normal. Bei Langhaarkatzen kommt dies entsprechend häufiger vor als bei Kurzhaarkatzen. Wenn Ihre Katze keinen Freilauf hat, bieten Sie ihr harmlose, ungiftige Grünpflanzen wie z. B. Katzengras (Hafer oder Weizen) oder auch Zyperngras an, an dem sie ungestraft knabbern darf. Die Aufnahme von faserreichem Gras scheint das Erbrechen der im Magen angesammelten Haare zu erleichtern. Auch nach zu hastiger Futteraufnahme oder rascher Aufnahme großer Mengen Trockenfutter erbrechen Katzen häufiger. Daß Ihre Katze nicht ernstlich krank ist, können Sie auch daran erkennen, daß sie bereits nach kurzer Zeit wieder Appetit verspürt und sogar ihr Erbrochenes fressen würde (dies ist gesundheitlich unbedenklich, allerdings wenig ästhetisch).

Wenn Ihre Katze nach der Futteraufnahme häufiger erbricht, sollten Sie sicherheitshalber zum Tierarzt gehen, um eine Grunderkrankung – eventuell auch im Bereich der Speiseröhre – ausschließen zu lassen. Erbricht die Katze wiederholt und hat auch keinen Appetit, dann kann sie unter einer Magenverstimmung leiden. Die Ursachen hierfür können vielfältig sein. Es kann sich z. B. um eine harmlose Infektion handeln oder um eine Futterunverträglichkeit bei mangelnder Hygiene oder verdorbenem Futter. Sorgen Sie dafür, daß Ihre Katze – falls sie Freigang hat – nicht mehr hinaus kommt, so daß Sie sie beobachten können. Für 24 bis 48 Stunden sollte sie dann kein Futter erhalten, Wasser muß aber immer verfügbar sein! Wenn es der Katze offensichtlich besser geht, sollten Sie ihr für drei bis sieben Tage eine leichtverdauliche, fettarme Schonkost geben (siehe Kasten Seite 69) und diese auf mehrere kleine Mahlzeiten am Tag verteilen. Wenn diese gut vertragen wird, können Sie Ihre Katze langsam (über zwei bis drei Tage) wieder auf ihr gewohntes Futter umstellen. Sie dürfen die Schonkost aber auf keinen Fall langfristig füttern, da sie nicht genügend Mineralien und Vitamine enthält!

Manchmal ist das Erbrechen aber auch Symptom einer ernsthaften Erkrankung. Ist es sehr heftig oder hört es nach einem Tag nicht auf, zeigt die Katze außerdem noch andere Symptome wie Abgeschlagenheit oder Apathie, kein Interesse an ihrer Umgebung, struppiges, stumpfes Fell, Schmerzen, Fieber und Durchfall oder sind im Erbrochenen Würmer enthalten, so müssen Sie die Katze umgehend zum Tierarzt bringen, damit die Grunderkrankung diagnostiziert und behandelt werden kann.

Was tun bei Übergewicht?

Früher glaubte man, daß Katzen ihre Energieaufnahme selber regulieren können, da es nur sehr wenig übergewichtige Katzen gab. Nachdem sich allerdings die Haltungs- und Fütterungsbedingungen für Katzen geändert haben, ist man eines besseren belehrt worden. Wenn Katzen ausschließlich in der Wohnung gehalten werden, dann ist die Bewegungsaktivität im Vergleich zu Draußenkatzen und auch Freigängern deutlich eingeschränkt. Besonders bei einzeln gehaltenen Tieren ist daher der Energieverbrauch drastisch vermindert, sie fressen auch häufig aus reiner Langeweile. Außerdem hat die Futtermittelindustrie mit der Entwicklung hoch schmackhafter Futtermittel einen Teil dazu beigetragen, daß auch Katzen über ihren Hunger fressen! Man muß als Futtermeister also unter Umständen regulierend eingreifen. Ob Ihre Katze ihr Idealgewicht hat, können Sie mit den Hinweisen im Kapitel „Ist meine Katze normalgewichtig?" (siehe Seite 43) überprüfen. Ist sie zu dick, dann muß unbedingt etwas getan werden, denn Übergewicht kann gerade bei der Katze schlimme Folgen haben. Verweigert eine übergewichtige Katze mehrere Tage das Futter oder kann wegen Krankheit, Unfall oder einer Operation nichts fressen, dann besteht die Gefahr, daß sie eine gefährliche Leberverfettung bekommt. Deshalb dürfen Sie Ihre Katze auch auf keinen Fall auf eine „Nulldiät" setzen, um sie abnehmen zu lassen! Am besten ist es natürlich, wenn die Entstehung von Übergewicht vermieden wird. Wiegen Sie Ihre Katze daher regelmäßig und notieren Sie sich das Ergebnis. Sobald das aktuelle Gewicht mehr „als ein paar Gramm" vom Normalgewicht abweicht, muß die Futtermenge reduziert werden. Ist die Katze dagegen eindeutig zu dick, dann muß sie eine Diät bekommen. Letztendlich hilft zwar nur die Reduktion der täglich

Auch Katzen fressen manchmal aus reiner Langeweile. Besonders Wohnungskatzen neigen zu Übergewicht, da ihnen meistens die nötige Bewegung fehlt.

Diät zum Abnehmen für eine 4 kg schwere Katze (in Klammern Angaben in %):

in Abhängigkeit vom Grad des Übergewichtes auf bis zu 60% der täglichen Futtermenge reduzieren

mageres Rinderhack	140 g	(75 %)
Kohlrabi	20 g	(11 %)
Reis (Rohgewicht)	20 g	(11 %)
Cellulose oder Weizenkleie	6 g	(3 %)

Vitamin-Mineral 0,3 g Vitakalk, Firma Marienfelde

Energiegehalt: 0,58 MJ bzw. 138 kcal/100 g
Rohfaser in der Trockenmasse: 7 %

zugeteilten Futtermenge (nicht weniger als ca. 60% des normalen Energiebedarfs), aber man kann zusätzlich noch etwas tun, um es der Katze leichter zu machen. Damit sie wenigstens ein gewisses Volumen aufnehmen kann und die Dehnung des Magendarmtraktes in etwa gleich bleibt, sollte Futter mit geringem Energiegehalt verwendet werden. Überlegen Sie sich doch einmal, was für eine Diät Ihnen zum Abnehmen lieber wäre: 50 g Schokolade oder doch lieber 1 kg Salat und 500 g Tomaten (gleicher Energiegehalt!). Wir empfehlen in obenstehender Tabelle eine Diät, die zusätzlich einen hohen Gehalt an pflanzlichen Ballaststoffen aufweist. Diese Fasern sind beispielsweise in Futtercellulose (beim Tierarzt oder in der Apotheke erhältlich) oder Weizenkleie (hohe Mengen nicht zu lange geben, da das Calcium/Phosphor-Verhältnis verschoben wird) enthalten. Sie erhöhen einerseits das Futtervolumen, da sie ein hohes Quellvermögen haben, andererseits sinkt die Verwertung der übrigen energiereichen Nährstoffe ein wenig. Mischen Sie die Futterzellulose bzw. die Weizenkleie (von ihr etwas mehr, da sie nicht so ballaststoffreich wie Cellulose ist) in langsam steigenden Mengen unter das Futter. Beginnen Sie mit 1/2 Teelöffel und steigern Sie täglich um einen 1/2 Teelöffel bis auf ca. zwei bis drei Eßlöffel – bei großen Rassen auch mehr. Auch die Rezepte im Tabellenanhang können zum Abnehmen verwendet werden. Bevorzugen Sie die Rezepte mit wenig Energie pro 100 g und fügen Sie wie oben beschrieben noch Rohfaser zu, um den Erfolg zu erhöhen.

Die nötige Futtermenge wird nicht anhand des aktuellen Gewichts errechnet, sondern auf der Grundlage des Idealgewichts. Wiegt die Katze also beispielsweise 6 kg und schätzen Sie ihr Normalgewicht auf 5 kg, dann müssen Sie den Futterbedarf mit 5 kg Körpergewicht berechnen. Von dieser errechneten Menge ziehen Sie etwa 20 bis maximal 40 % ab: Die so ermittelte Futtermenge ist die Tagesration für Ihre Katze. Überprüfen Sie den Diäterfolg durch regelmäßiges Wiegen, am besten immer an einem bestimmten

Wochentag vor der ersten Fütterung, und notieren Sie sich die Ergebnisse.

Was tun bei Untergewicht und Appetitlosigkeit?

Ist Ihre Katze lediglich ein mäkeliger Fresser oder tatsächlich untergewichtig? Um dies festzustellen, überprüfen Sie bitte das Gewicht wie auf Seite 45 beschrieben. Haben Sie oder Ihr Tierarzt Untergewicht diagnostiziert, dann setzen Sie das Normalgewicht fest. Denn mit diesem Gewicht müssen Sie den täglichen Futterbedarf berechnen. Sollte die Katze eigentlich 4 kg wiegen, bringt aber nur 3 kg auf die Waage, dann benötigt sie die Futtermenge für eine 4 kg schwere Katze und wenn möglich noch etwas mehr – sie soll ja an Gewicht zulegen. Verwenden Sie solche Rezepte, die eine hohe Energiedichte aufweisen. Aber fast noch wichtiger ist es, daß Sie die Leibspeise des Problemkindes herausfinden! Katzen sind derartige Nahrungsspezialisten und Feinschmecker, daß sie lieber gar nichts mehr fressen, bevor sie etwas Unbekanntes oder (für sie) Unschmackhaftes zu sich nehmen. Um einen Hungerstreik zu vermeiden, sollten Sie sich an folgende Tips halten:

• Wechseln Sie nie abrupt das Futter! Nicht nur Verdauungsstörungen, sondern auch Futterverweigerung können die Folge sein. Vermischen Sie daher das neue Futter über mehrere Tage in langsam steigenden Anteilen mit dem bisherigen. Wird beharrlich nur das alte Futter heraus sortiert oder gar nichts mehr gefressen, geben Sie lieber auf und versuchen ein anderes Futter. Katzen können sturer sein als ihre Menschen und Weisheiten wie: „Irgend-

Katzen fressen noch lange nicht alles. Zeigt Ihre Katze Ihnen die kalte Schulter, haben Sie ihren Geschmack vielleicht noch nicht getroffen.

wann kriegt sie schon Hunger und frißt es" gelten in der Regel nicht für die Katze.

• Das Futter sollte mindestens Raumtemperatur haben. Ist es körperwarm, dann werden noch mehr Aromastoffe (z. B. Geruch nach gebratenem Fleisch) frei und der Appetit wird angeregt.

• Halten Sie möglichst feste Fütterungszeiten und -plätze ein. Lassen Sie der Katze Zeit und Ruhe beim Fressen; manche möchten auch Nähe und guten Zuspruch von ihrem Lieblingsmenschen. Befinden sich noch andere Tiere im Haus-halt, dann sperren Sie diese für ein paar Minuten in einen anderen Raum.

• Mischen Sie ungeliebte Zutaten gleichmäßig unter die Mischung und nicht obenauf. Manche Katzen möchten einen kleinen „Appetizer" auf ihrer Ration: ein paar Trockenfutterbrocken oder Käsewürfel oben draufgestreut vermögen sie vielleicht zu überzeugen.

• Ballaststoffreiche Futtermittel sind nichts für untergewichtige Katzen. Sie sind nicht energiedicht genug und auch meist nicht besonders schmackhaft.

• Futterreste müssen weggeworfen werden. Angetrocknetes oder sogar

leicht verdorbenes Futter (bei hohen Temperaturen können Feuchtfutter innerhalb von ein bis zwei Stunden verderben) werden bestimmt nicht angerührt.

Wie bereits auf Seite 7 beschrieben, reagieren Katzen empfindlich auf längere Hungerphasen. Anders als Menschen oder Hunde können Sie keine Nulldiät tolerieren. Gehen Sie also bei Futterverweigerung mit Ihrer Katze lieber einen Tag zu früh als zu spät zum Tierarzt. Vielleicht ist die Futterverweigerung ja auch ein Symptom für eine Erkrankung. In ernsten Fällen kann eine spezielle

Diät oder die Ernährung über eine Sonde nötig werden. In harmlosen Fällen oder bei puren Dickköpfen können Sie auch folgende Versuche unternehmen:

• Bieten Sie mehrmals täglich kleine Portionen an, die frisch zubereitet bzw. auf Körpertemperatur erhitzt werden sollten.

• Viele Katzen lieben den Geschmack von getrockneter Bierhefe. Streuen Sie das Pulver über die Futterration. Probieren Sie auch einmal aus, ob eine Prise Salz oder etwas Knoblauch Anklang findet.

• Streuen Sie ein paar Streifen gekochten Schinken oder ein paar Bröckchen Trockenfutter über die Ration.

• Verwenden Sie ein Rezept mit Fleisch, dann braten Sie es einmal an und geben das Bratenfett mit über die Mischung. Wenn Sie ein paar Gramm Leber (Leckerbissen) mitbraten, dann steigt die Schmackhaftigkeit der Mischung.

• Suchen Sie Rezepte aus, die einen hohen Anteil an Eiweiß und auch Fett haben, da diese für die Katze Geschmacksträger sind. Rationen mit hohem Kohlenhydratanteil sind hier ungeeignet.

• Ganz besonders wichtig ist es, daß die Katze Flüssigkeit zu sich nimmt. Mischen Sie eine kleine Menge Milch in das Trinkwasser, wenn Ihre Katze daran gewöhnt ist.

Zahngesundheit

Die Zahngesundheit ist über die Ernährung nur sehr eingeschränkt zu beeinflussen. Ein Hauptproblem bei der Katze ist die Bildung von Zahnstein. Interessant ist, daß Katzen, die Auslauf und damit Gelegenheit zum Jagen haben, sehr viel weniger unter Zahnsteinbildung leiden als reine Wohnungskatzen. Eine mechanische Reinigung stellt bei

Die Gesundheit der Zähne läßt sich über die Ernährung nur bedingt steuern. Hier ist die regelmäßige Kontrolle durch den Tierarzt unverzichtbar.

Katzen – wie beim Menschen auch – die wirksamste Vorbeugemaßnahme dar. Nur sind Katzen selten so kooperativ, so daß ein regelmäßiges Zähneputzen, wie es zum Beispiel beim Hund durchgeführt werden kann, fast immer unmöglich ist. Andere wirkungsvolle Möglichkeiten der mechanischen Zahnreinigung gibt es kaum. So könnte man sich theoretisch vorstellen, daß beim Zerbeißen von Trockenfutter eine gewisse Zahnreinigung erfolgt. Untersuchungen haben jedoch gezeigt, daß dies nicht der Fall ist. Seit kurzer Zeit befinden sich jedoch Produkte auf dem Markt, die aufgrund ihrer besonderen Konsistenz bereits gesäuberte Zähne vor der Entstehung neuen Zahnbelags schützen sollen. Hierbei ist jedoch zu bedenken, daß dies natürlich nur an den Zähnen funktionieren kann, mit denen das Futter zerbissen wird. Durch die Futterzusammensetzung kann man die Zahnsteinbildung nicht beeinflussen. Zwar weiß man, daß vor allem der Mineralstoffgehalt im Speichel Auswirkungen auf die Plaqueablagerung an den Zähnen hat, jedoch ist die Speichelzusammensetzung über das Futter so gut wie gar nicht zu beeinflussen. Trotzdem ist es sicherlich sinnvoll, eine krasse Mineralstoffüberversorgungen über das Futter zu vermeiden. Da hilft also nur der regelmäßige Gang zum Tierarzt, der immer mit einer Untersuchung der Maulhöhle verbunden sein sollte, so daß Zahnstein entdeckt und bei Bedarf entfernt werden kann.

Harnsteine

Harnsteine sind ein relativ häufiges Problem bei Katzen. Vor allem machen sie bei Katern Probleme, weil diese eine engere Harnröhre haben, in der die Steine viel leichter stecken bleiben als in der weiteren Harnröhre der Katzen. Begünstigt wird die Steinbildung dadurch, daß die Katze in der Lage ist, ihren Harn extrem zu konzentrieren. Dadurch kommt es auch zu einer hohen Konzentration an bestimmten Mineralstoffen und anderen Verbindungen, die schließlich nicht mehr im Harn gelöst bleiben, sondern auskristallisieren.

Kleine Kristalle werden problemlos beim Urinieren mit dem Urinstrahl ausgeschieden. Sehr häufig bildet sich aber z. B. um einen winzigen Schleimfetzen herum eine größere Ansammlung von Kristallen, um die sich oft noch ein Schleimpfropfen bildet. So kann ein Harnstein wachsen, der dann irgendwann so groß geworden ist, daß er die Harnröhre nicht mehr passieren kann, sondern stecken bleibt. Wenn dieser Stein dann die Harnröhre völlig verlegt, handelt es sich um einen Notfall: Sie müssen sofort zum Tierarzt, weil durch den Rückstau des Urins die Blase zu platzen droht und die Nieren geschädigt werden können. Der Tierarzt wird die Steinzusammensetzung untersuchen lassen. Nach dem Ergebnis richtet sich dann die Diätempfehlung.

Die häufigste Steinart, der Struvitstein, läßt sich sehr gut durch die Ernährung beeinflussen. Hierbei ist es vor allem wichtig, den Harn etwas sauer zu machen, da in sauren Flüssigkeiten die Kristalle nämlich sehr gut gelöst bleiben. Man kann sogar bereits bestehende Steine auflösen, indem man den Harn säuert. Dies ist mit speziellen Diäten möglich, die Sie bei Ihrem Tierarzt erhalten. Früher dachte man, daß ein

Besonders Kater werden häufig von Harnsteinen geplagt. Nach einer Diagnose durch den Tierarzt läßt sich hier mit einer gezielten Diät Abhilfe schaffen.

niedriger Magnesium- und Phosphorgehalt im Futter das Risiko der Struvitsteinbildung mindert. Heute weiß man aber, daß es reicht, Überschüsse an diesen Mineralstoffen im Futter abzubauen – Hauptsache der Harn ist sauer. Aber Achtung: Dies gilt nur für eine bestimmte Steinart, eben den Struvitstein! Bei anderen Steinarten ist ein Ansäuern des Harns genau verkehrt, es kann die Steinbildung dann sogar noch fördern! Daher muß die Diagnose unbedingt durch Ihre Tierärztin oder Ihren Tierarzt abgesichert werden, bevor Sie säuernde Diäten verwenden!

Es gibt aber neben der verordneten Diät noch einige andere wichtige begleitende Maßnahmen, wenn Sie einem Rückfall bei einer betroffenen Katze langfristig vorbeugen wollen. Diese Maßnahmen sind unabhängig von der Zusammensetzung des Harnsteines und daher wichtig und richtig für alle Katzen mit Harnsteinen.

• Je häufiger die Katzen urinieren, desto besser! Deswegen sollte alles abgestellt werden, was die Katzen davon abhalten könnte, ihre Katzentoilette zu benutzen. Also: möglichst oft saubermachen und vielleicht mehrere Katzenklos in der Wohnung verteilt aufstellen (besonders wenn mehrere Katzen im Haus sind!).

• Je mehr Flüssigkeit die Katzen aufnehmen, desto mehr Harn wird produziert! Die Mineralstoffe werden dadurch dann nicht so stark konzentriert, so daß sie nicht auskristallisieren können. Früher glaubte man, durch Kochsalzzulagen den Durst und damit die Trinkwasseraufnahme steigern zu können. Beim Menschen funktioniert's, bei der Katze kaum. Die einfachste Möglichkeit, viel Wasser in Ihre Katze hineinzubekommen, besteht in der Verwendung von Futter mit einem sehr hohen Wassergehalt. Wenn Sie Fertigfutter verwenden, sind in diesem Fall also Dosenfutter besser geeignet als Trockenfutter. Wenn Sie selber kochen, sollten Sie das Futter möglichst breiig zubereiten.

• Ein weiterer Punkt scheint die Bewegung zu sein. Katzen mit Freigang haben viel seltener Probleme mit Harnsteinen als reine Wohnungskatzen. Bewegung scheint die Häufigkeit des Harnabsatzes zu fördern. Ermuntern Sie Ihre Katze also möglichst oft zum Spielen.

• Wissenschaftliche Untersuchungen haben gezeigt, daß ein Zusammenhang zwischen Übergewicht und dem Auftreten von Harnsteinen besteht. Daher ist es wichtig, daß die betroffenen Katzen, falls sie übergewichtig sind, abnehmen. Tips zum Abnehmen finden Sie auf Seite 71.

Rezeptteil

Die folgenden Rezepte gelten für eine 4 kg schwere, erwachsene Katze (Tagesmenge):

Kenngrößen:

Rindfleisch mit Nudeln:

Energiegehalt: 0,85 MJ bzw. 200 kcal ME/100 g

Kenngrößen:

Kabeljau mit Quark:

Energiegehalt: 0,70 MJ bzw. 166 kcal ME/100 g

»Gekochtes Rindfleisch mit Nudeln«

ZUTATEN:
80 g gekochtes Rindfleisch, nicht zu fett (77 %)
20 g Nudeln oder Spätzle, gekocht (19 %)
4 g Rinderleber (4 %)
0,25 g pro 0,5 kg Körpergewicht Mineralfutter Vitakalk®, Fa. Marienfelde

SNACK:
25 g (1/2 Scheibe) gekochter Schinken

EIGNUNG FÜR ANDERE KATZEN:
- *Senioren:* Bitte lassen Sie die Leber weg (hoher Vitamin A-Gehalt!) Vitakalk®: 0,125 g pro 0,5 kg Körpergewicht + BasiCat®, Fa. Klopfer: 1 Tbl. pro 0,5 kg Körpergewicht
- *Tragende Katzen:* (2. Hälfte der Trächtigkeit) Vitakalk®: 0,3 g pro 0,5 kg Körpergewicht
- *Säugende Katzen:* (3–4 Welpen) Vitakalk®: 0,9 g pro 0,5 kg Körpergewicht
- *Wachsende Katzen:* Vitakalk®: 0,5 g pro 0,5 kg Körpergewicht

»Kabeljau mit Quark«

ZUTATEN:
80 g Kabeljau (55 %)
50 g Magerquark (33 %)
3 g Lebertran (2 %)
15 g Haferflocken, Rohgewicht (10 %)
0,25 g pro 0,5 kg Körpergewicht Mineralfutter Vitakalk®, Fa. Marienfelde

SNACK:
10 g (1/3 Scheibe) Emmentaler Käse

EIGNUNG FÜR ANDERE KATZEN:
- *Senioren:* Ersetzen Sie den Lebertran durch Maiskeimöl. Zwischendurch gibt's für die Senioren keinen Käse, sondern einige Bröckchen eines Senior-Trockenfutters. Vitakalk®: 0,125 g pro 0,5 kg Körpergewicht + BasiCat®, Fa. Klopfer 1 Tbl. pro 0,5 kg Körpergewicht
- *Tragende Katzen:* (2. Hälfte der Trächtigkeit) Vitakalk®: 0,3 g pro 0,5 kg Körpergewicht
- *Säugende Katzen:* (3–4 Welpen) Vitakalk®: 0,9 g pro 0,5 kg Körpergewicht
- *Wachsende Katzen:* Vitakalk®: 0,5 g pro 0,5 kg Körpergewicht

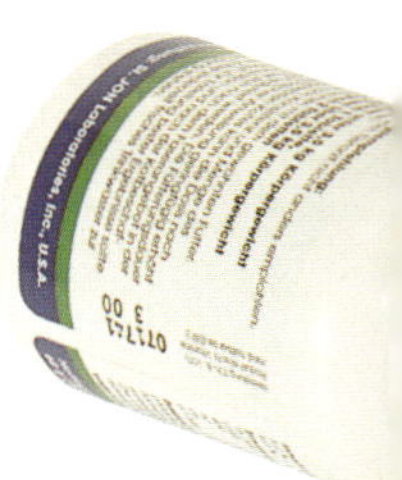

»Rinderherz mit Möhrenkartoffeln«

ZUTATEN:
120 g Rinderherz (64 %)
30 g gekochte Kartoffeln (16 %)
30 g Möhren(16 %)
5 g Butter (2,5 %)
3 g Rinderleber (1,5 %)
0,25 g pro 0,5 kg Körpergewicht Mineralfutter Vitakalk®, Fa. Marienfelde

SNACK:
10 g (1 kleine Scheibe) Wurstaufschnitt

EIGNUNG FÜR ANDERE KATZEN:
- *Senioren:* Lassen Sie die Leber wegen ihres hohen Gehaltes an Vitamin A und Kupfer weg. Statt Vitakalk®: BasiCat®, Fa. Klopfer: 1 Tbl. pro 0,5 kg Körpergewicht
- *Tragende Katzen:* (2. Hälfte der Trächtigkeit) Vitakalk®: 0,3 g pro 0,5 kg Körpergewicht
- *Säugende Katzen:* (3–4 Welpen) Vitakalk®: 0,9 g pro 0,5 kg Körpergewicht
- *Wachsende Katzen:* Vitakalk®: 0,5 g pro 0,5 kg Körpergewicht

»Gebratenes Hühnchen mit Reis«

ZUTATEN:
100 g Hühnerfleisch (63 %)
50 g gekochter Reis (32 %)
5 g Speiseöl (3 %)
3 g Hühnchenleber (2 %)
0,2 g pro 0,5 kg Körpergewicht Mineralfutter Vitakalk®, Fa. Marienfelde

Kenngrößen:

Rinderherz:

Energiegehalt: 0,53 MJ bzw. 127 kcal ME/ 100 g

Kenngrößen:

Gebratenes Hühnchen:

Energiegehalt: 0,66 MJ bzw. 159 kcal ME/ 100 g

SNACK:
10 g (1 kleine Scheibe) Wurstaufschnitt

EIGNUNG FÜR ANDERE KATZEN:
- *Senioren:* Vitakalk®: 0,2 g pro 0,5 kg Körpergewicht
- *Tragende Katzen:* (2. Hälfte der Trächtigkeit) Vitakalk®: 0,3 g pro 0,5 kg Körpergewicht
- *Säugende Katzen:* (3–4 Welpen) Vitakalk®: 0,9 g pro 0,5 kg Körpergewicht
- *Wachsende Katzen:* Vitakalk®: 0,5 g pro 0,5 kg Körpergewicht

Kenngrößen:

Enten-Quarkspeise:

Energiegehalt: 0,85 MJ bzw. 203 kcal ME/ 100 g

Kenngrößen:

Fisch-Kartoffel-Pfanne:

Energiegehalt: 0,49 MJ bzw. 117 kcal ME/ 100 g

»Enten-Quarkspeise«

ZUTATEN:
80 g Entenfleisch (64 %)
20 g Magerquark (16 %)
20 g gekochter Reis (16 %)
5 g Weizenkleie (4 %)
0,2 g pro 0,5 kg Körpergewicht Mineralfutter Vitakalk®, Fa. Marienfelde

SNACK:
10 g (1/2 Scheibe) Schnittkäse

EIGNUNG FÜR ANDERE KATZEN:
- *Senioren:* Vitakalk®: 0,2 g pro 0,5 kg Körpergewicht
- *Tragende Katzen:* (2. Hälfte der Trächtigkeit) Vitakalk®: 0,3 g pro 0,5 kg Körpergewicht
- *Säugende Katzen:* (3–4 Welpen) Vitakalk®: 0,9 g pro 0,5 kg Körpergewicht
- *Wachsende Katzen:* Vitakalk®: 0,5 g pro 0,5 kg Körpergewicht

»Fisch-Kartoffel-Pfanne«

ZUTATEN:
130 g Schellfisch (65 %)
50 g gekochte Kartoffeln (25 %)
5 g gekochte Möhren (5 %)
5 g Speiseöl (2,5 %)
5 g Bierhefepulver (2,5 %)
0,2 g pro 0,5 kg Körpergewicht Mineralfutter Vitakalk®, Fa. Marienfelde

SNACK:
10 Trockenfutter-Kibbles

EIGNUNG FÜR ANDERE KATZEN:
- *Senioren:* Vitakalk®: 0,2 g pro 0,5 kg Körpergewicht
- *Tragende Katzen:* (2. Hälfte der Trächtigkeit) Vitakalk®: 0,3 g pro 0,5 kg Körpergewicht
- *Säugende Katzen:* (3–4 Welpen) Vitakalk®: 0,9 g pro 0,5 kg Körpergewicht
- *Wachsende Katzen:* Vitakalk®: 0,5 g pro 0,5 kg Körpergewicht

»Sonntags-Menue«

ZUTATEN:
90 g Lachs (75 %)
20 g gekochtes Ei (17 %)
10 g gekochter Spargel (8 %)
0,2 g pro 0,5 kg Körpergewicht Mineralfutter Vitakalk®, Fa. Marienfelde

EIGNUNG FÜR ANDERE KATZEN:
- *Senioren:* Vitakalk®: 0,2 g pro 0,5 kg Körpergewicht
- *Tragende Katzen:* (2. Hälfte der Trächtigkeit) Vitakalk®: 0,3 g pro 0,5 kg Körpergewicht
- *Säugende Katzen:* (3–4 Welpen) Vitakalk®: 0,9 g pro 0,5 kg Körpergewicht
- *Wachsende Katzen:* Vitakalk®: 0,5 g pro 0,5 kg Körpergewicht

»Nasi-Goreng mit Putenbrust«

ZUTATEN:
100 g Putenbrust (70 %)
20 g gekochter Reis (14 %)
10g Mais (aus der Dose) (7 %)
10g Leber (vom Rind) (7 %)
3 g Speiseöl (2 %)
0,2 g pro 0,5 kg Körpergewicht Mineralfutter Vitakalk®, Fa. Marienfelde

SNACK:
10 g (1 kleine Scheibe) Wurstaufschnitt

EIGNUNG FÜR ANDERE KATZEN:
- *Senioren:* Vitakalk®: 0,2 g pro 0,5 kg Körpergewicht
- *Tragende Katzen:* (2. Hälfte der Trächtigkeit) Vitakalk®: 0,3 g pro 0,5 kg Körpergewicht

Kenngrößen:

Sonntags-Menue:

Energiegehalt: 0,93 MJ bzw. 221 kcal ME/ 100 g

Kenngrößen:

Nasi-Goreng:

Energiegehalt: 0,49 MJ bzw. 117 kcal ME/ 100 g

Kenngrößen:

Risotto:

Energiegehalt: 0,49 MJ bzw. 117 kcal ME/ 100 g

Kenngrößen:

Gulasch mit Quarknudeln:

Energiegehalt: 0,85 MJ bzw. 200 kcal ME/ 100 g

- *Säugende Katzen:* (3–4 Welpen) Vitakalk®: 0,9 g pro 0,5 kg Körpergewicht
- *Wachsende Katzen:* Vitakalk®: 0,5 g pro 0,5 kg Körpergewicht

»Risotto«

ZUTATEN:
100 g Rinderhack (mager) (60 %)
30 g gekochter Reis (18 %)
20 g Vollei, gekocht (12 %)
10g Leber (vom Rind) (6 %)
3 g Speiseöl (2 %)
3 g Erbsen (2 %)
0,2 g pro 0,5 kg Körpergewicht Mineralfutter Vitakalk®, Fa. Marienfelde

SNACK:
25 g (1 kleine Scheibe) gekochter Schinken

EIGNUNG FÜR ANDERE KATZEN:
- *Senioren:* Vitakalk®: 0,2 g pro 0,5 kg Körpergewicht
- *Tragende Katzen:* (2. Hälfte der Trächtigkeit) Vitakalk®: 0,3 g pro 0,5 kg Körpergewicht
- *Säugende Katzen:* (3–4 Welpen) Vitakalk®: 0,9 g pro 0,5 kg Körpergewicht
- *Wachsende Katzen:* Vitakalk®: 0,5 g pro 0,5 kg Körpergewicht

»Gulasch mit Quarknudeln«

ZUTATEN:
50 g Rindergulasch (39 %)
60 g Magerquark (46 %)
20 g Nudeln, gekocht (15 %)
0,25 g pro 0,5 kg Körpergewicht Mineralfutter Vitakalk®, Fa. Marienfelde

SNACK:
10 g (1/4 Scheibe) gekochter Schinken

EIGNUNG FÜR ANDERE KATZEN:
• *Senioren:* Vitakalk®: 0,2 g pro 0,5 kg Körpergewicht
• *Tragende Katzen:* (2. Hälfte der Trächtigkeit) Vitakalk®: 0,3 g pro 0,5 kg Körpergewicht
• *Säugende Katzen:* (3–4 Welpen) Vitakalk®: 0,9 g pro 0,5 kg Körpergewicht
• *Wachsende Katzen:* Vitakalk®: 0,5 g pro 0,5 kg Körpergewicht

»Hühnchengericht«

ZUTATEN:
100 g Hühnchenfleisch (62,5 %)
25 g Hüttenkäse (15 %)
25 g Kartoffeln, gekocht (15 %)
6 g Mais (aus der Dose) (3,8 %)
6 g Speiseöl (3,8 %)
0,2 g pro 0,5 kg Körpergewicht Mineralfutter Vitakalk®, Fa. Marienfelde

SNACK:
10 g (1 kleine Scheibe) Wurstaufschnitt

EIGNUNG FÜR ANDERE KATZEN:
• *Senioren:* Dosierung Mineralfutter: Vitakalk®: 0,2 g pro 0,5 kg Körpergewicht
• *Tragende Katzen:* (2. Hälfte der Trächtigkeit) Vitakalk®: 0,3 g pro 0,5 kg Körpergewicht
• *Säugende Katzen:* (3–4 Welpen) Vitakalk®: 0,9 g pro 0,5 kg Körpergewicht
• *Wachsende Katzen:* Vitakalk®: 0,5 g pro 0,5 kg Körpergewicht

»Krabbencocktail«

ZUTATEN:
110 g Garnelen/Shrimps (51 %)
50 g Magerquark (23 %)
50 g Nudeln, gekocht (23 %)
4 g Weizenkleie (2 %)
2 g Lebertran (1 %)
0,1 g pro 0,5 kg Körpergewicht Mineralfutter Vitakalk®, Fa. Marienfelde

SNACK:
10 g Camembert (30 % Fett i.Tr.)

EIGNUNG FÜR ANDERE KATZEN:
• *Senioren:* Vitakalk®: 0,2 g pro 0,5 kg Körpergewicht
• *Tragende Katzen:* (2. Hälfte der Trächtigkeit) Vitakalk®: 0,3 g pro 0,5 kg Körpergewicht
• *Säugende Katzen:* (3–4 Welpen) Vitakalk®: 0,9 g pro 0,5 kg Körpergewicht
• *Wachsende Katzen:* Vitakalk®: 0,5 g pro 0,5 kg Körpergewicht

Kenngrößen:

Hühnchengericht:

Energiegehalt: 0,69 MJ bzw. 165 kcal ME/ 100 g

Kenngrößen:

Krabbencocktail:

Energiegehalt: 0,45 MJ bzw. 109 kcal ME/ 100 g

Kenngrößen:

Fischeintopf:

Energiegehalt:
0,63 MJ bzw.
152 kcal ME/
100 g

Kenngrößen:

Schweine-schnitzel:

Energiegehalt:
0,68 MJ bzw.
163 kcal ME/
100 g

»Fisch-Eintopf«

ZUTATEN:
120 g Alaska Seelachs (71 %)
30 g Haferflocken (18 %)
10 g Rosenkohl, gekocht (6 %)
5 g Leberwurst (3 %)
2 g Lebertran(1 %)
2 g Knoblauch (1 %)
0,2 g pro 0,5 kg Körpergewicht
Mineralfutter Vitakalk®,
Fa. Marienfelde

SNACK:
1 Bierhefetablette pro kg Körpergewicht

EIGNUNG FÜR ANDERE KATZEN:
• *Senioren:* Vitakalk®: 0,2 g pro 0,5 kg Körpergewicht
• *Tragende Katzen:* (2. Hälfte der Trächtigkeit) Vitakalk®: 0,3 g pro 0,5 kg Körpergewicht
• *Säugende Katzen:* (3–4 Welpen) Vitakalk®: 0,9 g pro 0,5 kg Körpergewicht
• *Wachsende Katzen:* Vitakalk®: 0,5 g pro 0,5 kg Körpergewicht

»Schweineschnitzel«

ZUTATEN:
80 g Schweineschnitzel (54 %)
~ 20 g Eigelb 1 Eigelb (33 %)
50 g Broccoli, gekocht (13 %)
0,25 g pro 0,5 kg Körpergewicht
Mineralfutter Vitakalk®,
Fa. Marienfelde

SNACK:
einige Trockenfutterbröckchen

EIGNUNG FÜR ANDERE KATZEN:
• *Senioren:* Dosierung Mineralfutter: Vitakalk®: 0,2 g pro 0,5 kg Körpergewicht
• *Tragende Katzen:* (2. Hälfte der Trächtigkeit) Vitakalk®: 0,3 g pro 0,5 kg Körpergewicht
• *Säugende Katzen:* (3–4 Welpen) Vitakalk®: 0,9 g pro 0,5 kg Körpergewicht
• *Wachsende Katzen:* Vitakalk®: 0,5 g pro 0,5 kg Körpergewicht

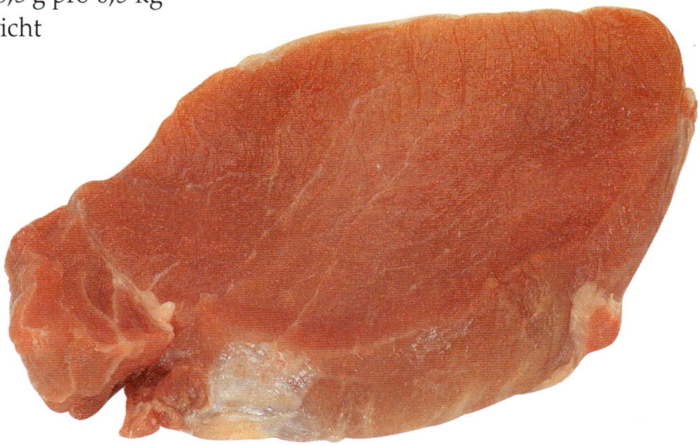

Futtermittel-Glossar

Alleinfutter:
Feuchtfutter = Dosenfutter: meistens eiweißreich und kohlenhydratarm
Trockenfutter: häufig kohlenhydratreicher als Dosenfutter, verdirbt nicht an der Luft, kann zur Erhöhung des Feuchtigkeitsgehaltes eingeweicht werden, meist leidet darunter aber die Schmackhaftigkeit

BasiCat®, Fa. Klopfer:
Vitaminiertes Mineralfutter in Tablettenform, das speziell auf den Bedarf alter Katzen ausgerichtet ist; erhältlich beim Tierarzt

Butter:
Eigenschaften: energiereich, hoher Gehalt an kurzkettigen, gesättigten Fettsäuren, nur in geringer Menge verträglich
Verarbeitung: auslassen, um z. B. andere Rationskomponenten darin zu erhitzen

Cellulose:
Siehe Futtercellulose

Ei:
Eiklar: enthält hochwertiges Eiweiß, aber auch einen Hemmstoff für die Eiweißverdauung sowie einen Stoff, der die Verwertung des B-Vitamins Biotin erheblich verschlechtert, daher nur gekocht füttern
Eidotter: sehr fettreich, kann auch roh gegeben werden

Entenfleisch:
Eigenschaften: hochverdaulich, relativ fettes Fleisch
Verarbeitung: nur gekocht oder im eigenen Fett gebraten verfüttern

Erbsen:
Eigenschaften: stärkereich, bei einzelnen Katzen können Blähungen auftreten – ausprobieren!
Verarbeitung: nur gekocht verfüttern

Fleisch, allgemein:
Eigenschaften: siehe Fleisch der jeweiligen Tierart
Verarbeitung: falls im Rezept nicht explizit Öl oder Bratenfett angegeben ist, sollte das Fleisch im eigenen Fett gebraten oder aber gekocht werden. Falls Sie zusätzlich Bratenfett dazugeben, sollten Sie dieses *nicht* mit verfüttern!

Futtercellulose:
Eigenschaften: sehr ballaststoffreich, hohes Quellvermögen, geschmacks- und geruchsneutral
Verarbeitung: mit etwas Wasser anfeuchten oder wenn möglich direkt in das Futtermittel mischen (z. B. Quark), in langsam steigenden Mengen daran gewöhnen, auf Bestellung beim Tierarzt oder in der Apotheke erhältlich

Garnelen:
Eigenschaften: sehr mageres Fleisch mit hochwertigem Eiweiß, im Vergleich zu anderen Fisch- und Fleischsorten relativ hoher Mineralstoffgehalt
Verarbeitung: immer kochen, dünsten oder braten, nie roh oder geräuchert verfüttern

Haferflocken:
Eigenschaften: kohlenhydratreich und ballaststoffreich
Verarbeitung: nie roh, sondern immer gekocht verfüttern

Hühnchenfleisch:
Eigenschaften:
Brust: hochverdaulich, eiweißreich, fettarm, gut für Schonkost
Ganzes Hühnchen: fettreicher als Brust
Verarbeitung: Nur gekocht oder gebraten verfüttern, Fleisch immer sauber von den Knochen lösen, Knochen *nie* verfüttern!

Kabeljau:
Eigenschaften: sehr magerer Fisch, hochwertiges Eiweiß
Verarbeitung: immer kochen, dünsten oder braten, nie roh füttern

Käse:
Eigenschaften: hochwertiges Eiweiß der Milch, meist hoher Fettgehalt, daher energiereich, meist sehr salzig! Nie zu große Mengen geben: nur als Leckerli in Maßen
Camembert: Weichkäse, kalorienreich
Hüttenkäse/Frischkäse: hoch verdaulich, günstig bei Schonkost
Schmelzkäse: sehr salzig und energiereich
Schnittkäse: ebenfalls sehr energiereich, auch reich an Calcium und Phosphor, daher nicht für alte Tiere geeignet, Rinde und angeschimmelte Teile großzügig entfernen

Kartoffeln:
Eigenschaften: kohlenhydratreich, wenig, aber qualitativ hochwertiges Protein, hoher Gehalt an Phosphor
Verarbeitung: nur gekocht oder gebraten verfüttern, entweder gut waschen und mit Schale geben oder schälen, beim Braten oder Kochen salzen (mit Jodsalz)

Kohlrabi:
Eigenschaften: Gemüse mit hohem Gehalt an pflanzlicher Faser
Verarbeitung: weich kochen und zerdrücken, etwas salzen, unter die restliche Mischung heben

Lachs:
Eigenschaften: nicht ganz magerer Fisch, hochwertiges Eiweiß
Verarbeitung: immer kochen, dünsten oder braten, nie roh oder geräuchert verfüttern, Gräten entfernen

Laktose:
Siehe Milchzucker

Leber (aller Tierarten):
Eigenschaften: proteinreich, reich an Phosphor, Kupfer und Vitamin A, daher nicht für alte Katzen geeignet
Verarbeitung: nur gekocht oder gebraten, Rinderleber evtl. auch roh geben, etwas salzen.

Lebertran:
Eigenschaften: als Produkt aus Fischleber reich an Vitamin A, bei den meisten Produkten auch an Vitamin D; da es viele verschiedene Darreichungsformen (Dragees, Paste, Tropfen) und Formulierungen gibt, bitte Gehalte miteinander vergleichen. In den Rezepten wurde mit einem Produkt mit 40 000 Internationalen Einheiten (IE) Vitamin A sowie 4000 IE Vitamin D pro 100 g gerechnet. Bei deutlich abweichenden Konzentrationen bitte entsprechend die Menge nach oben bzw. nach unten korrigieren (Fragen Sie beim Kauf Ihren Apotheker oder Tierarzt); fettreich Verarbeitung: gleichmäßig unter die fertige Ration mischen, nicht mit erhitzen

Magerquark:
Eigenschaften: hoher Gehalt an hochwertigem Eiweiß, hochverdaulich, Calcium/Phosphor-Verhältnis < 1/1 (also keine Calciumquelle)
Verarbeitung: gleichmäßig unter andere Rationskomponenten heben, nicht erhitzen

Mais:
Eigenschaften: stärkereich
Verarbeitung: niemals roh, nur gekocht füttern

Milch:
Eigenschaften: reich an Milchzucker, Milchzucker kann von der Katze kaum verwertet werden, daher häufige Ursache für Durchfall.
Wenn überhaupt, dann niemals Rohmilch, sondern nur pasteurisierte Milch geben!

Milchzucker (Laktose):
Findet gelegentlich bei Problemen mit Verstopfung Verwendung
Erhältlich im Reformhaus

Möhren:
Eigenschaften: Gemüse mit hohem Gehalt an pflanzlicher Faser, Carotin kann von Katze nicht als Provitamin A genutzt werden

Verarbeitung: weich kochen und zerdrücken, unter die restliche Mischung heben

Nudeln:
Eigenschaften: kohlenhydratreich, eiweiß- und fettarm,
Verarbeitung: mit etwas jodiertem Salz kochen, körperwarm anbieten

Reis:
Eigenschaften: kohlenhydratreich, eiweiß- und fettarm, leicht verdaulich, bindet Feuchtigkeit im Magen-Darm-Trakt, gut bei der Herstellung von Schonkost
Verarbeitung: vor dem Kochen gründlich waschen, in Salzwasser (Jodsalz) kochen, körperwarm anbieten

Rindfleisch:
Eigenschaften: in Abhängigkeit von der Körperregion mager bis fett, hochwertiges, leicht verdauliches Fleisch mit qualitativ guter Eiweißzusammensetzung; im Gegensatz dazu haben Schlachtabfälle wie Pansen, Schlund oder Schnauze einen hohen Bindegewebsanteil, d. h. die Eiweißzusammensetzung ist weniger günstig für die Katze

- Kopffleisch: relativ fettes Fleisch mit entsprechend hohem Energiegehalt
- Gulasch: meist gut durchwachsen, wird Gulasch in einem Rezept verwendet, dann sollten die Fettanteile nicht entfernt werden
- Keule: mittlerer Fettgehalt
- Rinderherz: schieres, mageres Muskelfleisch mit gewissem Bindegewebsanteil (Blutgefäße usw.)
- Rinderhack: reines Rinderhack ist in der Regel nahezu fettfreies Muskelfleisch; verdirbt sehr schnell, daher kühl lagern und nicht länger als zwei Tage verfüttern

Zubereitung: entweder gekocht oder gebraten

Schinken:
Eigenschaften: hochwertige Eiweißquelle, häufig sehr salzig, sehr schmackhaft
Zubereitung: nur gekocht, nie geräuchert

Schweinefleisch:
Eigenschaften: hochwertige Eiweißquelle, unterschiedlicher Fettgehalt (Schnitzel mager, Bauch fett)
Verarbeitung: *niemals roh*, sondern nur gekocht oder gebraten

Spargel:
Wird von einigen Katzen gern gefressen
Verarbeitung: schälen und kochen

Speisesalz:
Gut zum Würzen geeignet
Bitte verwenden Sie wenig jodiertes Speisesalz.
Bei alten und herzkranken Katzen bitte etwas sparsamer verwenden

Speiseöl:
Eigenschaften: alle Pflanzenöle sind reich an ungesättigten Fettsäuren und daher eine wertvolle Nahrungsergänzung; wie alle Fette sind sie echte „Kalorienbomben", Fischöl finden viele Katzen besonders schmackhaft

Verarbeitung: verwenden Sie das Öl zum Anbraten/Erhitzen der übrigen Zutaten (Fleisch, Fisch, evtl. Kartoffeln, Nudeln, Reis oder ähnlichem). Kein Olivenöl verwenden!

Vitakalk®, Fa. Marienfelde:
Vitaminiertes Mineralfutter, pulverförmig; erhältlich in jeder Zoofachabteilung und im Zoofachhandel

Tip:
Wenn Sie keine Waage haben, die geringe Mengen zuverlässig wiegt, gehen Sie zu Ihrem Apotheker und lassen Sie sich die benötigte Menge einmal abwiegen und in einem kleinen Meßbecher anzeichnen!

Weizenkleie:
Eigenschaften: hoher Rohfaseranteil, wirkt daher verdauungsfördernd, gut bei Verstopfung und auch Übergewicht, aufgrund des hohen Phosphorgehaltes nicht in zu großen Mengen einsetzen (sonst droht eine Verschiebung des Calcium/Phosphor-Verhältnisses)

Wurstaufschnitt:
Eigenschaften: meistens fett- und daher energiereich, hoher Salzgehalt
Achtung: Geben Sie niemals Wurst, die rohes Schweinefleisch enthalten könnte wie z. B. Mettwurst oder Räucherwurst

Quellen:

KIENZLE, E. (1998) in: Geriatrie bei Hund und Katze, Herausgeber: W. Kraft, Parey Verlag

KIENZLE, E. u. E. LANDES (1995): Aufzucht verwaister Jungtiere, Kleintierpraxis 40, 681–685

LEWIS, L.D., M.L. MORRIS u. M.S. HAND (1990): Klinische Diätetik für Hund und Katze, Schlütersche Verlagsanstalt Hannover

MEYER, H. u. E. HECKÖTTER (1986): Futterwerttabellen für Hunde und Katzen, Schlütersche Verlagsanstalt Hannover

MONICA MENGENLISTE, Auswertungs- und Informationsdienst für Ernährung, Landwirtschaft und Forsten e.V.

SOUCI, S.W., W. FACHMANN u. H. KRAUT (1989): Die Zusammensetzung der Lebensmittel. Nährwert-Tabellen, 4. Aufl. Wiss. Verlagsgesellschaft, Stuttgart

KAMPHNES, MEYER, BRONSCH, LEIBETSEDER:Supplemente zu Vorlesungen und Übungen in der Tierernährung, 9. Aufl., Verlag M. & H. Schaper, im Druck

ZOTTMANN, B. (1997): Untersuchungen zur Milchleistung und Milchzusammensetzung der Katze (Felis catus), Dissertation, LMU München

Abbildung Katzensilhouetten entnommen aus: International Journal of Obesity (1994) 18, (Suppl. 1), Seite 22–28

Die Berechnung der Rezepte wurde mit Hilfe der Software Diet-Check©, Computergestützte Rationsberechnung für Hunde und Katzen, durchgeführt.

Anschrift der Autorinnen

Dr. med. vet. Claudia Thielen,
Fachtierärztin für Tierernährung und Diätetik,
Hermann-Lingg-Str. 14,
80336 München

Dr. med. vet. Britta Dobenecker,
Fachtierärztin für Tierernährung und Diätetik, Institut für Physiologie, Physiologische Chemie und Tierernährung, Lehrstuhl für Tierernährung und Diätetik,
Veterinärstr. 13,
80539 München

Umrechnung einiger Zutaten von Gramm in Küchenmaße

Lebensmittel	Menge	Menge in Gramm
Apfel	1 Stück klein	100
	1 Stück mittel	125
	1 Stück groß	150
	1/2 Apfel; 1/2 Apfel	50; 25
Banane käufliche Rohware	1 Stück klein	125
	1 Stück mittel	150
	1 Stück groß	200
Bratkartoffeln	1 EL	30
Brötchen	1 Stück	45
Brot	1 Scheibe klein	30
Mischbrot	1 Scheibe mittel	45
Brotbelag Wurst	je Scheibe Brot	30
Ei	1 Stück	60–65
	jeden 2. Tag 1 Ei	30
Eidotter	1 Eigelb	20
Futtercellulose	1 TL	1,5
	1 EL	3,5
Haferflocken	1 EL geh.	10
Honig	1 TL	10
	1 EL	20
Hüttenkäse	1 EL geh.	25
	1 Becher	200
Joghurt (3,5 % Fett)	1 TL	6
	1 EL	17
	1 Becher	175
Kartoffel käufliche Rohware	1 Stück klein = eigroß	75
	1 Stück mittel	100
	1 Stück groß	125
Kartoffelpüree, zubereitet	Schale flach/klein	75
Laktose	1 TL	2,5
	1 EL	8,5
Mais (Konserve)	1 EL	25
Makrele, geräuchert	1 Stück mittel	375

Lebensmittel	Menge	Menge in Gramm
Milch	1 TL	5
	1 EL	15
Mineralfutter (ca. 20 % Ca)	1 Messerspitze	1–2
	1 TL gestr.	4,5
	1 TL geh.	8,5
	1 EL gestr.	11,5
	1 EL geh.	20
Möhren	1 Stück klein	50
	1 Stück mittel	100
Nudeln		
roh/Trockengewicht	1 EL	10
gegart/Naßgewicht	1 EL geh.	20
Speiseöl	1 TL	3
	1 EL	10
Quark	1 TL	10
	1 TL geh.	15
	1 EL	20
	1 EL geh.	30
Reis		
roh/Trockengewicht	1 TL	5
	1 EL	15
gegart/Naßgewicht	1 EL geh.	30
Salz	1 Prise/1 Messerspitze	2
	1 TL	5
	1 EL	15
Schinken, gekocht	1 Scheibe, mittel	50
Schmelzkäse	1 Scheibe	20
Schnittkäse	1 Scheibe	30
Trockenfutter	1 TL	2,5
	1 EL	6,5
Weizenkleie	1 TL	1
	1 EL	3
Würstchen (Brühwürstchen)	1 Stück mittel	150
Wurstaufschnitt	1 Scheibe, klein (Ø 5 cm)	10
Zwieback	1 Stück	10

Register